Inhalt

Rita Steininger

Auf kleinen Füßen in die Welt

So entwickelt sich Ihr Kind im Kindergartenalter

mobile

Einleitung

Mit dem Eintritt in den Kindergarten beginnt für Ihr Kind ein spannender neuer Lebensabschnitt. In der kommenden Zeit wird es viele neue Erfahrungen sammeln, an denen es wachsen und sich weiterentwickeln kann. Das fängt schon bei den Alltagsanforderungen an: War es bisher in vielen Dingen – sei es beim Essen oder Anziehen – auf die Hilfe seiner Eltern angewiesen, so wird es nun zunehmend selbstständiger. Generell beginnt sich die starke Eltern-Kind-Bindung der ersten Lebensjahre nun zu lockern: Ihr Kind wird offener, lernt auf andere zuzugehen und knüpft erste Freundschaften. Im Umgang mit Gleichaltrigen übt es unermüdlich seine sozialen und sprachlichen Kompetenzen und verbessert im spielerischen Wettbewerb auch seine motorische Geschicklichkeit: Wer von uns kann höher klettern, schneller rennen, besser werfen? Nicht zuletzt bekommt es im Kindergarten täglich neue Anregungen, mit denen es seinen Wissensdurst stillen und seine geistigen Fähigkeiten trainieren kann. So eignet es sich im Lauf der Zeit diverse Fähigkeiten an, die auch für seinen späteren Schulstart wichtig sind. Dieses Buch will Sie dabei unterstützen, die enormen Fortschritte in der Entwicklung Ihres Kindes während der Kindergartenzeit zu erkennen, nachzuvollziehen und zu fördern.

Die Entwicklung von Körper, Geist und Seele

■ Das Buch beschreibt die Entwicklung von Kindergartenkindern zwischen drei und sechs Jahren aus einer umfassenden Sicht, die Körper, Geist und Seele einbezieht. Folgende Entwicklungsbereiche werden beleuchtet: Motorik, Sprache, kognitive Entwicklung, kreative und künstlerische Fähigkeiten, emotionale und soziale Kompetenzen. Jedes Kapitel endet mit einer Tabelle, die einen Überblick über die Entwicklung von drei bis sechs Jahren gibt. Den Abschluss bildet ein Kapitel über den Entwicklungsstand zum Zeitpunkt des Schulbeginns.

Die in den einzelnen Kapiteln beschriebenen Entwicklungsschritte sind allerdings nicht als feste Kriterien aufzufassen. Sie bieten lediglich eine Orientierung, damit Sie sich besser in den aktuellen Entwicklungsstand Ihres Kindes hineinversetzen können. Die Entwicklungstabellen am Ende jedes Kapitels dienen ebenfalls nur der Orientierung. Sie sind keinesfalls als Checklisten anzusehen. Deshalb sind die Tabellen auch ganz bewusst in Ein-Jahres-Abständen angelegt und mit dem Hinweis versehen: »Das kann Ihr Kind oder wird es bis zum nächsten Geburtstag lernen.« Der Zeitpunkt, zu dem ein Kind eine bestimmte Fähigkeit erwirbt, lässt sich eben nicht allgemein festlegen, denn jedes Kind entwickelt sich anders. Wenn ein bestimmtes Merkmal bei einem Kind später – oder vielleicht gar nicht – eintritt, muss das noch kein Anlass für Bedenken sein. Nur in Einzelfällen können die Tabellen wichtige Anhaltspunkte liefern, wenn in einem bestimmten Bereich Schwierigkeiten auftreten, die möglicherweise eine Behandlung erfordern. Das gilt insbesondere für die sprachliche Entwicklung.

Das Entwicklungstempo variiert

Dass sich Kinder unterschiedlich entwickeln, ist eine bekannte Tatsache, die in der Vielfalt der täglichen Erziehungsanforderungen dennoch leicht vergessen wird. Da fanden es Eltern bisher vielleicht völlig okay, dass der vierjährige Nachwuchs nachts noch eine Windel braucht. Doch kaum wird im Verwandten- oder Bekanntenkreis darüber Missbilligung geäußert, bekommen die Eltern Bedenken: »Sollte unser Kind nicht schon längst ohne Windel schlafen?« Überhaupt haben gutgemeinte Ermahnungen nach dem Motto »Was Hänschen nicht lernt, lernt Hans nimmermehr« meist nur den Effekt, Eltern unnötig zu verunsichern.

Jedes Kind entwickelt sich in seinem eigenen Tempo.

Dabei weiß man heute, dass sich Kinder nicht nur unterschiedlich entwickeln, sondern dass in einzelnen Bereichen manchmal ein regelrechter Stillstand – sogar ein vermeintlicher Rückschritt – eintreten kann. So kann es vorkommen, dass ein Dreijähriger, der noch gestern putzmunter durch den Kindergarten wirbelte, sich plötzlich wieder an seine Mutter klammert und starke Trennungsängste zeigt. In den meisten Fällen hat ein solcher »Hänger« jedoch nichts zu bedeuten. Im Gegenteil, nach einem Stillstand folgt meistens ein deutlicher Entwicklungsschub.

Fördern, aber nicht überfordern

In diesem Sinne will das vorliegende Buch Sie einladen, Ihr Kind in seiner individuellen Entwicklung zu begleiten – es zu fördern, aber nicht zu überfordern. Die praktischen Tipps in diesem Buch sind jedenfalls nicht als Pflichtprogramm gedacht. Es handelt sich lediglich um Angebote, die Sie aufgreifen, abwandeln oder außer Acht lassen können, je nachdem, wie Ihr Kind darauf anspricht. Suchen Sie einfach die Anregungen heraus, die für Ihren Nachwuchs im Augenblick besonders interessant sind. So stellt sich die Freude am Lernen durch Ausprobieren von selber ein – und damit auch der Lernerfolg. Es ist erwiesen, dass sich einem Kind nur das wirklich einprägt, womit es sich aus eigenem Antrieb befasst. Lassen sich Eltern dagegen von allzu großem Ehrgeiz treiben und überschütten ihr Kind mit Lernangeboten, verliert es vorzeitig die Lust und gibt auf. Der erhoffte Lerneffekt bleibt aus.

Nicht nur das. Überzogener Elternehrgeiz kann geradezu fatale Folgen haben. Die Angst, den Ansprüchen der Eltern nicht gerecht zu werden, ist eine negative Lernerfahrung, die das Gehirn des Kindes speichert und die Eltern-Kind-Bindung belastet. Darauf hat der Göttinger Gehirnforscher Prof. Gerald Hüther nachdrücklich hingewiesen.

Auch Remo H. Largo, der bekannte Schweizer Professor für Kinderheilkunde, hat schon vor mehr als zehn Jahren in seinem Erfolgsbuch »Kinderjahre« vor dem ausufernden Fördereifer mancher Eltern und Pädagogen gewarnt. Er erinnerte dabei an das bekannte Sprichwort: »Das Gras wächst nicht schneller, wenn man daran zieht.« Aus seiner Sicht kommt es vielmehr darauf an, ein Kind bei seinem individuellen Entwicklungsstand abzuholen und ihm das anzubieten, was es im Augenblick am meisten will und braucht. Besonders eines legt er allen Eltern ans Herz: dass sie ihr Kind mit all seinen Eigenschaften annehmen und ihm immer wieder das Gefühl geben: »Wir lieben dich so, wie du bist.«

Kinder brauchen Tag für Tag die Gewissheit, geliebt zu werden.

Respektieren Sie deshalb die Einzigartigkeit Ihres Kindes. Freuen Sie sich mit ihm an seinen Fortschritten, doch nehmen Sie es nicht nur mit seinen Stärken, sondern auch mit seinen Schwächen an. Das ist das schönste Geschenk, das Sie Ihrem Kind mit auf seinen Lebensweg geben können. <<<

Im Kindergartenalter erkundet Ihr Kind offen und zunehmend selbstständig die Welt

Laufen, hüpfen, klettern

Die motorische Entwicklung

Kinder lernen sich und ihre Umwelt über ihren Körper kennen.

■ Laufen, hüpfen, basteln, werken: Die grob- und feinmotorische Entwicklung eines Kindes wird im Wesentlichen von drei Sinnen beeinflusst: Das sind der Haut- oder Tastsinn, der Muskel- und Stellungssinn und der Gleichgewichtssinn. Diese drei Sinne, die man auch als Grundsinne bezeichnet, machen die Körperwahrnehmung des Kindes aus. Von ihnen hängt es ab, wie sich ein Kind in seinem Körper fühlt und wie geschickt es ihn bei verschiedenen grob- und feinmotorischen Anforderungen einsetzen kann. Zum besseren Verständnis sollen die drei Grundsinne hier kurz beschrieben werden.

Die drei Grundsinne

■ Der Haut- oder Tastsinn wird aufgrund seiner besonderen Rolle manchmal auch als »Mutter der Sinne« bezeichnet. Er vermittelt dem Kind nicht nur Kontakt zu seiner Umwelt durch Fühlreize von außen, sondern auch ein Gespür für den eigenen Körper und seine Grenzen. Ein Quadratzentimeter Hautfläche enthält etwa 5000 Sinneszellen und rund 200 Tastpunkte. Diese nehmen Reize von außen auf und leiten sie an das Gehirn weiter, das sie als Wärme oder Kälte, Berührungen,

Fühl mal!

Ein Fühlexperiment, das vielen Kindern Spaß macht: Legen Sie sich eine kleine Sammlung von Tastobjekten zurecht – beispielsweise Apfel, Birne, Stein, Badeschwamm, Haarbürste und Softball. Verbinden Sie Ihrem Kind die Augen und legen Sie ihm einen der Gegenstände in die Hand. Ihr Kind soll zunächst versuchen, den Gegenstand zu erraten, ohne dass es seine Hand bewegt. Gelingt ihm das nicht, tastet es das Objekt mit einer Hand oder mit beiden Händen ab.

Vibrationen oder Schmerz registriert. Nicht überall am Körper sind die Tastpunkte gleich dicht angesiedelt. An den Fingerkuppen hat ein Quadratzentimeter Haut zum Beispiel wesentlich mehr Tastpunkte als am Ohrläppchen. Deshalb eignen sich die Fingerspitzen besonders gut zum Tasten und Fühlen – eine wichtige Voraussetzung für alle feinmotorischen Fertigkeiten.

Im Gegensatz zum Hautsinn, der Fühlreize von der Körperoberfläche ans Gehirn weiterleitet, ist der Muskel- und Stellungssinn für die Tiefenwahrnehmung des Körpers zuständig. Wenn Ihr Kind seine Muskeln und Sehnen an- und entspannt, wenn es seine Gliedmaßen und Gelenke beugt und streckt, so vermittelt das seinem Gehirn ständig neue Informationen aus den Tiefen des Körpers. Auf diese Weise bekommt das Kind eine Vorstellung von seinem Körper: wie er sich anfühlt, in welche verschiedenen Positionen es ihn bringen kann, wo er anfängt und wo er aufhört. So kann das Kind Bewegungsabläufe planen und seine Körperposition einer jeweiligen Situation anpassen: Beim Versteckspiel kauert es sich mit angezogenen Beinen in seinen Unterschlupf, legt die Arme eng an den Körper und macht sich ganz klein. Legt es sich auf eine große Matratze oder in einen geräumigen Sessel, so streckt es genüsslich alle Viere von sich.

Nicht zuletzt bestimmt die Tiefenwahrnehmung den Muskeltonus, das heißt die Grundspannung der Muskulatur. Durch sie lernt das Kind, seinen Krafteinsatz bei jeder Tätigkeit genau richtig zu dosieren – ob es nun darum geht, einen Schraubdeckel zu öffnen, einen Ball zu werfen oder eine Spielzeugkiste zu schleppen.

Der Gleichgewichtssinn ist im Innenohr angesiedelt und setzt sich aus drei Komponenten zusammen: dem Lage-, Dreh- und Bewegungssinn. So liefert er dem Gehirn zunächst Informationen über die Lage, die das Kind – sei es im Sitzen, Liegen oder Gehen – in Bezug auf die Schwerkraft einnimmt. Außerdem gibt er die Richtung und Geschwindigkeit von Drehbewegungen an. Und er sorgt bei jeder Art von (Fort-)Bewegung – sei es beim Laufen, Springen oder Klettern – dafür, dass das Kind in der Balance bleibt. Wenn es beispielsweise auf einem Steg umzukippen droht, breitet es automatisch die Arme aus, um wieder ins Gleichgewicht zu kommen.

Die richtige Kraftdosierung üben

Geben Sie Ihrem Kind immer wieder Gelegenheit, im Alltag seinen Muskel- und Krafteinsatz zu üben. Lassen Sie es beim Einkaufen eine Tasche tragen oder den Einkaufswagen schieben. Bitten Sie es im Winter, Ihnen beim Schneeschippen zu helfen. Überlassen Sie ihm auch beim Kochen immer mal wieder eine Aufgabe – zum Beispiel einen Teig zu rühren oder die Eier aufzuschlagen. So bekommt Ihr Kind ein immer besseres Gespür für den jeweils richtigen Krafteinsatz – eine wichtige Voraussetzung für viele grob- und feinmotorische Anforderungen.

Das Begreifen beginnt mit dem Greifen.

Balancier-Parcours

Balancieren hat für Kindergartenkinder einen großen Reiz. Dieser Vorliebe können Sie mit einem Balancier-Parcours entgegenkommen. Legen Sie im Haus oder auf einem festen Untergrund im Freien verschiedene Materialien auf dem Boden aus, zum Beispiel Seile, Bretter, Balken, Holzkisten oder in Scheiben geschnittene Baumstämme. Daraus kann ein Rundweg mit Kurven und geraden Strecken entstehen. Auf diesem Parcours kann Ihr Kind sein Balanciergeschick ausgiebig üben. Der Schwierigkeitsgrad lässt sich steigern, zum Beispiel mit der Aufgabe, auf einer geraden Strecke rückwärts oder mit geschlossenen Augen zu balancieren.

Von den Sinnen zur Wahrnehmung

Die Verarbeitung von Sinneseindrücken im Gehirn sieht im Wesentlichen so aus: Die Sinnesorgane nehmen mit ihren Empfangsstellen, den Rezeptoren, ständig Reize auf. Diese werden von den Sinneszellen auf Nervenbahnen übertragen und ans Gehirn weitergeleitet. Das Gehirn speichert und sortiert sie, stimmt sie mit früheren Eindrücken ab und verknüpft sie mit anderen Reizen. Dann schickt es die verarbeiteten Informationen an die dafür vorgesehenen Empfänger (Körperstellen) weiter. So erhalten diese ständig neue Impulse für angemessene Reaktionen.

Dazu ein Beispiel: Ihr Kind sitzt auf der Gartenschaukel. Seine beiden Hände umfassen die Halteseile, der Po ruht auf dem Schaukelbrett. Haut und Muskulatur dieser Körperteile registrieren fortwährend die Spür- und Tiefenreize und senden die entsprechenden Informationen ans Gehirn. Jetzt schubsen Sie die Schaukel an. Während Ihr Kind vor und zurück schwingt, nimmt der Gleichgewichtssinn im Innenohr die Bewegungsreize und den Schaukelrhythmus wahr. Wieder verarbeitet das Gehirn die Sinneseindrücke und fügt sie zu einem Gesamteindruck zusammen. Dadurch findet sich das Kind in den Schaukelrhythmus ein und kann seinen Krafteinsatz und seine Bewegungen so anpassen, dass es ihm gelingt, noch höher zu schaukeln.

Die drei Grundsinne – ebenso wie die übrigen Sinne – beginnen sich schon im Lauf der Schwangerschaft zu entwickeln und sind daher bei der Geburt relativ gut ausgebildet. In den ersten Lebensjahren differenzieren sie sich dann noch weiter aus. Dabei kommt es nicht nur darauf an, dass jeder der sieben Sinne für sich gesehen gut funktioniert. Die Sinne müs-

Entspannung

Nicht nur die Fähigkeit zur koordinierten Bewegung, sondern auch die zur Entspannung hängt zu einem wesentlichen Teil von den drei Grundsinnen ab. Wenn der Hautsinn sanfte Berührungen oder der Gleichgewichtssinn behutsame Schaukelbewegungen an das Gehirn meldet, so erzeugt das im Körper ein angenehmes, entspannendes Wohlgefühl. Der Muskel- und Stellungssinn seinerseits sorgt für einen entspannten Zustand der Muskulatur und des gesamten Körpers.

Klettern, Rutschen und Balancieren verbessern das Körpergefühl

So lernt Ihr Kind das Schaukeln

In einer Hängematte lernt Ihr Kind das selbstständige Schaukeln leichter als auf einer gewöhnlichen Spielplatzschaukel. Denn die deutlichen Spürreize, die durch den Druck der Matte auf seinen Körper ausgeübt werden, liefern seinem Gehirn wichtige Impulse zur koordinierten Bewegung. Achten Sie darauf, dass die Aufhängeschlaufen nicht zu weit voneinander entfernt sind, sodass die Hängematte in einem tiefen Bogen durchhängt. Ihr Kind sollte sich quer in die Matte setzen, sodass sein Körper vom Stoff der Matte fest umschlossen wird und seine Beine in Schaukelrichtung zeigen. So gelingt es ihm am besten, seine Bewegungen dem Schaukelrhythmus anzupassen.

sen sich im Lauf der Zeit auch so aufeinander einspielen, dass sie optimal miteinander kooperieren. Denn um eine motorische Anforderung gut zu bewältigen, ist es immer notwendig, dass mehrere Sinne zusammenarbeiten. Das hat schon das obige Beispiel mit der Schaukel gezeigt. Es geht dabei darum, aus vielen einzelnen Sinneseindrücken ein sinnvolles Ganzes zu machen.

Vorschulkinder lernen mit allen Sinnen – schaffen Sie die Gelegenheiten dazu.

Dazu ein weiteres Beispiel: Wenn Ihr Kind ein gekochtes Ei pellt, arbeiten an dieser feinmotorischen Aufgabe gewöhnlich vier Sinne mit, nämlich die drei Grundsinne und der Sehsinn. Als Erstes nimmt das Kind das Ei in seine Hand. Sein Hautsinn registriert die glatte Oberfläche. Der Muskel- und Stellungssinn ist dafür zuständig, dass

Kleiner Selbstversuch

Wie schwierig es für kleine Kinder noch ist, mit scheinbar banalen Alltagsaufgaben wie dem Öffnen und Schließen von Reißverschlüssen oder Schraubdeckeln fertigzuwerden, können Sie mithilfe eines Experiments nachvollziehen: Binden Sie sich an jeder Hand zwei Finger oberhalb der Fingermittelgelenke mit einem Gummi- oder Klebeband zusammen. Versuchen Sie dann, Ihre aktuelle Tätigkeit - beispielsweise eine Arbeit im Haushalt - mit diesem Handicap zu erledigen. Sie werden bald merken, wie anstrengend das ist. Zeigen Sie daher Verständnis und erkennen Sie die feinmotorischen Anstrengungen Ihres Kindes an, auch wenn ihm eine Tätigkeit nicht auf Anhieb gelingt.

sich seine Hand der Form des Eis anpasst und es festhält, während es mit der anderen Hand die Schale abzupft. Gemeinsam sorgen die drei Grundsinne außerdem dafür, dass das Kind seine Finger koordiniert und zweckgerichtet einsetzt und das Ei nicht zu Boden fallen lässt. Währenddessen überprüft der Sehsinn, ob alle Bewegungen richtig ausgeführt werden.

Bewegung macht Ihr Kind klug.

Bei einer solchen Tätigkeit spielen die drei Grundsinne die Hauptrolle, nicht nur, weil sie zur Bewältigung der Aufgabe den anteilig größten Beitrag leisten. In vielen Fällen können sie den Sehsinn sogar komplett ersetzen. Wenn das Kind eine bestimmte Tätigkeit durch häufiges Wiederholen verinnerlicht hat, kann es die Aufgabe sogar mit geschlossenen Augen erfüllen: Der Ablauf ist ihm gewissermaßen in Fleisch und Blut übergegangen. Das gilt für viele alltägliche Handgriffe: Eine Jacke zuknöpfen, einen Reißverschluss zuziehen oder einen Schraubverschluss öffnen – all das sind Vorgänge, die das Kind durch häufiges Üben dank der drei Grundsinne irgendwann so gut beherrscht, dass es sie nebenbei erledigen kann, ohne ihnen eigens Aufmerksamkeit schenken zu müssen. So gewinnen Kinder mit der Entwicklung ihrer Sinne grob- und feinmotorisches Geschick und Bewegungssicherheit.

Die Grobmotorik macht Fortschritte

■ Zu Beginn der Kindergartenzeit ist Ihr Kind in der Lage, sich im Haus und im Freien relativ sicher zu bewegen. Es kann mit beiden Beinen zunächst über eine, bald auch über zwei Treppenstufen nach unten hüpfen. Es kann sicher die Treppen aufwärts und abwärts laufen. Treppab muss es sich allerdings am Geländer festhalten und läuft vorerst noch mit Vorstellschritt, das heißt, es setzt für jede Stufe denselben Fuß voran und lässt den anderen nachfolgen. Erst mit vier Jahren ist es in der Lage, ohne Festhalten die Treppe im Wechselschritt abwärts zu laufen.

Viele Kinder üben mit drei Jahren schon das Dreiradfahren, allerdings bereitet ihnen der koordinierte Einsatz der Beine beim Pedaltreten noch Schwierigkeiten. Dafür bewegen sich Dreijährige umso flinker und geübter mit dem Rutschauto vorwärts, wobei es ihnen besonders viel Spaß macht, mit raschen Wendemanövern immer wieder die Fahrtrichtung zu wechseln. Auch beim Laufen gelingt es ihnen immer besser, schnell die Richtung zu ändern, etwa um Hindernissen auszuweichen.

Das Fangen eines Balls fällt einem dreijährigen Kind noch schwer. Einen mittelgroßen Ball erwischt es meist nur, wenn es die Arme waagrecht ausstreckt und der Ball direkt hineingeworfen wird. Beim Werfen bewegt das Kind in diesem Alter nur die Arme, Oberkörper und Beine bleiben unbeweglich. Im Laufe der kommenden Monate werden die Würfe dann kraftvoller und auch der Oberkörper bewegt sich allmählich mit.

Sorgen Sie für Abwechslung bei den Spielplätzen

Besuchen Sie mit Ihrem Kind nicht immer denselben Spielplatz. Peilen Sie verschiedene Anlagen an, die vielseitige Bewegungsmöglichkeiten bieten. Vor allem neuere Spielplätze sind oft sehr attraktiv und großzügig angelegt. Sie bieten Platz zum Rennen und Toben, Bäume zum Klettern, Büsche zum Kriechen und Verstecken sowie abwechslungsreiche Spielgeräte – von der üblichen Schaukel, Rutsche und Wippe bis hin zu Schaukelreifen, Klettergerüsten, Balanciergeräten, Tunnelrutschen und Kletterburgen. Dafür lohnt sich auch mal ein längerer Weg.

Beim Spielen auf dem Spielplatz lässt sich gut beobachten, wie Kinder mit zunehmendem Körpergeschick wagemutiger werden. Fünfjährige zeigen sich beim Klettern, Rutschen, Springen und Balancieren kaum noch ängstlich oder zögerlich, viele können schon selbstständig auf einer Schaukel schaukeln. Das Fahrradfahren ist in diesem Alter meist ohne Stützräder möglich. Im Werfen, Fangen und Fußballspielen entwickeln Kinder durch unermüdliches Üben ebenfalls großes Geschick. So beherrschen viele Sechsjährige bereits die Wurftechnik eines Erwachsenen, das heißt, sie holen mit dem ganzen Arm Schwung und unterstützen die Armbewegung durch leichte Rückwärtsdrehung des Oberkörpers und Gewichtsverlagerung auf das Standbein.

Mauern, Treppen, Bäume – unser Alltag bietet Kindern viele Möglichkeiten, Bewegungserfahrungen zu machen.

Gegen Ende des sechsten Lebensjahres verfügt ein Kind im Allgemeinen über die Fähigkeit, schwierige Bewegungsabläufe zu meistern, die ein besonders gutes Gleichgewicht erfor-

dern, wie Rollschuh-, Schlittschuh- oder Skilaufen. Auch seine Kondition hat sich merklich verbessert. Das sind günstige Voraussetzungen für den Einstieg in eine Sportart, die den Interessen und Neigungen des Kindes entspricht.

Welche Sportart ist die richtige?

Im Sportverein kann Ihr Kind neue Freundschaften knüpfen.

■ Wenn Sie einen Sportkurs für Ihr Kind auswählen, sollten nicht Leistung und Wettbewerbsdenken im Vordergrund stehen, sondern Freude an der Bewegung. Besonders geeignet für Kinder im Kindergarten- und im beginnenden Schulalter sind die folgenden Sportarten, denn sie bieten Ihrem Kind viele Möglichkeiten, seine Körperwahrnehmung, Motorik und Geschicklichkeit zu verbessern:

Boden- und Geräteturnen ist dank verschiedener Geräte zum Klettern, Schaukeln und Balancieren ein äußerst vielseitiges Training. Es bietet damit eine hervorragende Grundlage für alle weiteren Sportarten.

Mannschaftssportarten wie Fußball oder Handball trainieren die Kondition, Koordination und räumliche Orientierung, setzen aber auch Teamgeist und Durchsetzungsvermögen voraus.

Schwimmen erfordert exakt koordinierte Arm- und Beinbewegungen und stellt damit hohe Anforderungen an die Motorik und die Körperkoordination. Ein Schwimmkurs ist im Allgemeinen frühestens mit fünf Jahren zu empfehlen.

Judo trainiert die Körperkoordination, Kraftdosierung und Eigenwahrnehmung des Körpers. Der Körperkontakt mit dem Trainingspartner fördert darüber hinaus den achtsamen Umgang miteinander und stärkt die soziale Kompetenz.

Ballspiele für draußen

Wenn Sie mit Ihrem Kind nach draußen gehen, nehmen Sie des Öfteren einen Ball mit. Mit schönen Ballspielen wie diesen trainiert Ihr Kind sehr effektiv seine Grobmotorik und Körperkoordination:

Klatschen und fangen: Sie und Ihr Kind werfen sich gegenseitig einen Ball zu. Vor dem Auffangen muss jeder einmal in die Hände klatschen.

Ball durchs Tor: Legen Sie im Abstand von ein bis zwei Metern zwei große Steine auf den Boden. Das sind die Torpfosten, durch die Sie und Ihr Kind den Ball abwechselnd hindurchrollen müssen.

Tunnel aus Beinen: Sie und Ihr Kind stellen sich mit den Rücken zueinander in einem Abstand von mehreren Metern auf und grätschen die Beine. Dann bücken Sie sich und rollen sich den Ball gegenseitig durch die Beine zu.

Das A und O: Bewegung im Freien

■ Abgesehen von sportlicher Betätigung kann Ihr Kind seine grobmotorischen Fähigkeiten sehr effektiv trainieren, wenn es sich viel im Freien bewegt. Der Grund liegt auf der Hand: Die Natur bietet nun einmal keine geebneten Wege, hier geht es bergauf und bergab, über Stock und Stein. Da heißt es Augen und Ohren offenhalten, Arme und Beine einsetzen, um kleine und größere Hürden zu überwinden. Sorgen Sie nach Möglichkeit dafür, dass sich Ihr Kind täglich im Freien aufhält. Erlauben Sie ihm, auch mal unbekanntes Gelände zu erforschen. Halten Sie es nicht davon ab, über Wassergräben zu springen, durchs Gebüsch zu kriechen, auf liegenden Baumstämmen zu balancieren oder auf Bäume zu klettern. So trainiert es nicht nur sehr effektiv seine Geschicklichkeit und Körperkoordination, sondern entwickelt auch ein gesundes Selbstvertrauen. Es weiß von Tag zu Tag besser, wozu es in der Lage ist und wo die Grenzen seiner körperlichen Fähigkeiten liegen.

Seien Sie auch nicht allzu ängstlich, weil Ihr Nachwuchs hinfallen und sich wehtun könnte. Laut Statistik passieren Unfälle im Haus weit häufiger als im Freien. Das mag daran liegen, dass Kinder in den eigenen vier Wänden weniger achtsam sind, weil sie sich dort sicherer fühlen. Sie sollten Ihr Kind im Freien nur nicht unbeaufsichtigt lassen und für alle Fälle immer ein kleines Erste-Hilfe-Set dabei haben.

Die Feinmotorik verbessert sich

■ Im Kindergartenalter beginnt für Ihr Kind die große Zeit des Bastelns und Malens. Die entsprechenden feinmotorischen Basisfähigkeiten sind vorhanden und werden sich bis zum Schuleintritt noch deutlich verbessern.

Mit drei Jahren kann das Kind eine Kette mit kleinen Perlen auffädeln. Mit einer Kinderschere gelingt es ihm, relativ genau an einer Linie entlangzuschneiden. Das Ausschneiden von kleineren Bildmotiven bereitet ihm dagegen noch Mühe.

Zum Bauen und Konstruieren verwendet es zunächst große Bauteile (wie Duplo-Steine), dann immer kleinere und diffizilere, die eine sichere Hand erfordern. Das Bauen nach Plänen und Vorgaben (zum Beispiel mit Playmobil- oder Legoteilen) wird jedoch erst gegen Ende der

Das kannst du schon selber

Gehören Sie zu den Eltern, die es nicht mitansehen können, wie sich ihr Kind mit feinmotorischen Handgriffen plagt? Wenn ja – versuchen Sie trotzdem, Ihrem Nachwuchs nicht alles abzunehmen. Verzichten Sie darauf, ihm beim Essen den Teller zu füllen, den Saft einzuschenken oder die Mahlzeit mundgerecht zu zerkleinern. Sonst bremsen Sie nur seinen Ehrgeiz, es selber zu lernen. Und wenn Sie es nicht gerade sehr eilig haben, lassen Sie Ihrem Kind die nötige Zeit, sich Jacke und Schuhe selbst anzuziehen. Je mehr Gelegenheiten zum Üben Ihr Kind bekommt, desto schneller verbessert sich seine feinmotorische Geschicklichkeit.

Eine gut entwickelte Feinmotorik ist eine wichtige Voraussetzung für das Schreibenlernen.

Vorschulzeit interessant, wenn das Kind in der Lage ist, die bebilderte Anleitung zu verstehen. Der Umgang mit Werkzeugen wie Hammer und Säge macht Kindern im Vorschulalter Spaß und weckt ihren Ehrgeiz; es empfiehlt sich daher, für das Kind eine eigene Werkzeugkiste anzulegen.

Beim Zeichnen und Malen kritzelt Ihr Kind nicht mehr einfach drauflos. Es weiß schon, bevor es anfängt, was es malen möchte. Zu den bevorzugten Motiven gehören Sonne und Wolken, Häuser, Bäume, Blumen und Menschen. Mit dem Nachzeichnen vorgegebener Figuren – zum Beispiel Dreiecke oder Quadrate – tut sich das Kind zunächst noch schwer; das gelingt ihm erst mit fünf oder sechs Jahren. Die Stifthaltung ist in der Regel schon bei Dreijährigen korrekt: Das Kind hält den Stift beim Zeichnen zwischen dem Daumen und den ersten drei Fingerspitzen.

Ihr Kind malt nicht gerne? Kein Grund zur Beunruhigung. Nicht alle Kinder können alles gleich gut.

Zum Essen benutzt das Kind zunächst nur Löffel und Gabel, bevor es lernt, auch das Messer richtig einzusetzen. Dreijährige haben damit noch Schwierigkeiten, Vierjährige kommen mit Messer und Gabel schon recht gut zurecht.

Das Aus- und Anziehen gelingt den Drei- bis Vierjährigen weitgehend selbstständig, wobei ihnen das Schließen von Knöpfen und Reißverschlüssen noch Mühe macht. In diesem Alter tragen die meisten Kinder bevorzugt Schuhe mit Klettverschlüssen, weil sie das Schuhebinden noch nicht beherrschen. Die meisten lernen das kurz vor dem Schuleintritt, manche auch erst später.

Malen und reimen

Ihr Kind hat keinen Spaß am Malen? Vielleicht lässt es sich ja dazu motivieren, wenn Sie das Malen mit einem Reim verbinden:

Meine Katze
Der runde Kopf sitzt obenauf,
zwei spitze Ohren mal ich drauf,
darunter sitzt der dicke Bauch,
vier Beine noch, die braucht sie auch,
zuletzt mal ich den Schwanz noch dran,
komm, schau dir meine Katze an.

Parallel zu den Versen eine Katze malen.

Spielideen für geschickte Hände

Fingerspitzengefühl und eine gute Handmotorik lassen sich nicht nur beim Zeichnen und Malen oder beim Basteln und Werken trainieren. Es gibt auch schöne Spiele für draußen und drinnen, mit denen Sie Ihren Nachwuchs motivieren können, seine Fingerfertigkeit zu trainieren.

Tunnel graben: Zwei Spieler häufen im Sandkasten einen Sandberg auf und klopfen ihn mit den Händen fest. Dann bohrt jeder von einer Seite einen Tunnel in den Berg, bis sich die Finger in der Mitte treffen.

Sandbild: Lassen Sie Ihr Kind im Sandkasten ein Bild aus Naturmaterialien anfertigen. Mit dem Finger malt es zunächst ein Motiv in den Sand. Dann gestaltet es das Bild mit Steinen, Blumen, Gras, Rinde, Muscheln und

Im Kindergartenalter basteln und malen viele Kinder mit Begeisterung

Schneckenhäusern und umrahmt es zum Schluss mit Zweigen oder Steinen.

Tastversteck: Füllen Sie ein Säckchen mit getrockneten Erbsen, Linsen oder Maiskörnern und verstecken Sie einen kleinen Gegenstand (zum Beispiel ein Spielzeugauto oder einen Schlüssel) darin. Dann lassen Sie Ihr Kind mit den Fingern im Säckchen wühlen, bis es den Gegenstand gefunden hat.

Schwarzer Turm: Ein Spieler legt einen Dominostein auf den Tisch. Der nächste legt einen weiteren quer darüber, sodass die Steine ein Kreuz bilden. In gleicher Weise werden nun möglichst viele weitere Steine aufgeschichtet, bis der Turm umkippt.

Tastkarten-Memory: Schneiden Sie einen Pappkarton in 20 quadratische Kärtchen, jeweils etwa acht mal acht Zentimeter groß. Bekleben Sie je zwei Kärtchen mit demselben Material: zum Beispiel mit Sandpapier, Wellpappe, Watte, Samt oder Stofffäden. Verbinden Sie dann Ihrem Kind die Augen. Es soll versuchen, durch Abtasten der Kärtchen möglichst viele Paare zu finden.

Auf Phasen der Aktivität und Bewegung sollten Phasen der Ruhe und Entspannung folgen.

Auch Entspannung will gelernt sein

■ Zur Anspannung gehört die Entspannung, zur Bewegung die Ruhepause. Gönnen Sie Ihrem Kind regelmäßige Auszeiten, in denen es loslassen, zur Ruhe kommen und Energie für neue Aktionen tanken kann. Die folgenden Übungen sind besonders zu empfehlen, weil sie die Spür- und Tiefenwahrnehmung des Körpers ansprechen und damit wiederum die Fähigkeit zur Entspannung verbessern:

Schaukelnd im Gleichgewicht

Nirgendwo findet Ihr Kind so gut in einen entspannten Zustand wie in einer Hängematte. Denn sanfte Schaukelbewegungen regen nicht nur den Gleichgewichtssinn an, sondern fördern auch das seelische Wohlbefinden. Wie wäre es, wenn Sie sich täglich eine gemeinsame Auszeit mit Ihrem Kind gönnen? Kuscheln Sie sich zusammen in die Hängematte, lassen Sie die Seele baumeln und genießen Sie das Gefühl von trauter Zweisamkeit und Geborgenheit.

Lang, länger, am längsten: Ihr Kind legt sich auf den Rücken und legt beide Arme über dem Kopf auf der Unterlage ab. Nun soll es die Arme und Beine ausstrecken und sich dabei vorstellen, dass sein Körper immer länger wird. Das dehnt und entspannt die gesamte Muskulatur.

Sommerwiese: Während Ihr Kind entspannt auf dem Bauch liegt, erzählen Sie ihm von einer grünen Wiese, auf der Käfer krabbeln, Würmer kriechen, Mäuse trippeln, Füchse schleichen und das Gras sich im Wind bewegt. Versuchen Sie zu jeder Bewegung eine passende Berührung zu finden: Mal ziehen Sie mit dem Finger eine Schlangenlinie, um den kriechenden Wurm anzudeuten, mal streichen Sie mit der Handfläche über den Rücken, um das wogende Gras nachzuahmen.

Rückenbild: Ihr Kind setzt sich auf den Boden oder legt sich bäuchlings auf eine Matratze. Malen Sie mit dem Zeigefinger eine Figur auf seinen Rücken, zum Beispiel einen Kreis, ein Viereck, eine Schlangen- oder Zickzacklinie. Das Kind soll versuchen, die Figur mit seinem Finger nachzuzeichnen. <<<

Die motorische Entwicklung

Alter	Das kann Ihr Kind bzw. wird es bis zum nächsten Geburtstag lernen
3 Jahre	• Kann beim Laufen sowohl Hindernisse umsteuern als auch abrupt anhalten. • Ist in der Lage, freihändig die Treppe aufwärts und mit Festhalten die Treppe abwärts zu gehen. • Kann beidbeinig zunächst eine, dann zwei Treppenstufen abwärts hüpfen. • Fängt einen großen, weichen Schaumstoffball mit beiden Händen aus der Nähe auf. • Lernt mit Hilfestellung auf einem Steg oder einem Mäuerchen zu balancieren. • Kann Schraubdeckel öffnen, Knöpfe aufknöpfen und Perlen auffädeln.
4 Jahre	• Kann kurz auf einem Bein hüpfen und auf einem Bein stehen. • Kann die Treppe im Wechselschritt abwärts gehen. • Lernt mit Dreirad und Roller zu fahren und dabei Hindernisse zu umfahren. • Schafft es mit etwas Übung, hin und wieder einen Ball aufzufangen, den es in die Luft geworfen hat. • Schneidet mit der Schere und zeichnet Menschen.
5 Jahre	• Ist in der Lage, längere Zeit auf einem Bein zu stehen oder zu hüpfen; kann nun an Hüpfkästchenspielen teilnehmen. • Entwickelt wachsendes Geschick im Werfen, Fangen und Fußballspielen. • Kann selbstständig auf einer Schaukel schaukeln. • Lernt Fahrrad zu fahren. • Kann beim »Hampelmann« Arme und Beine richtig koordinieren. • Kann mit Werkzeugen umgehen. • Verwendet beim Konstruieren immer kleinere Bauteile.
6 Jahre	• Kann Schlittschuh und Rollschuh laufen. • Ist in der Lage, einen mittelgroßen Ball sicher zu fangen, der ihm in Brusthöhe zugeworfen wird. • Seine Wurftechnik gleicht allmählich der eines Erwachsenen. • Kann sich die Schuhbänder eigenständig zubinden.

Lirum, larum, Löffelstiel

Die Entwicklung der Sprache

Mit dem Erwerb der Sprache erschließt sich Kindern eine neue Welt.

■ Mit dem Sprechenlernen erschließt sich für das Kind eine neue Welt. Es lernt, Gedanken und Gefühle in Worte zu fassen, Fragen zu stellen, Beobachtungen mitzuteilen und von Erlebnissen zu berichten. Der Kontakt zu seinen Mitmenschen wird dadurch intensiver und vielschichtiger. Wie wichtig das ist, zeigt sich, wenn das Kind in den Kindergarten kommt und sich (vielleicht zum ersten Mal) in einer größeren Gruppe zurechtfinden muss.

Generell gelten die ersten vier Lebensjahre als die entscheidende Phase für die Entwicklung der Sprache. In dieser Zeit wird der Grundstock für alle wesentlichen Bereiche gelegt, die das Sprachvermögen ausmachen: Sprachverständnis, Lautbildung, Wortschatz und Grammatik. In den darauffolgenden Jahren differenzieren sich die sprachlichen Fähigkeiten allerdings noch weiter aus.

Vom Hören zum Verstehen

■ Ein gutes Sprachverständnis spielt eine Schlüsselrolle in der Sprachentwicklung des Kindes. Die Grundvoraussetzung dafür ist richtiges Hören. Nur das, was ein Kind richtig hört, kann es auch richtig verstehen und nachsprechen. Eine Einschränkung des Hörvermögens (etwa nach einer Mittelohrentzündung) kann dazu führen, dass das Kind ähnliche Laute nicht mehr unterscheiden kann. Das bedeutet, dass es zum Beispiel keinen Unterschied hört zwischen den Wörtern »Hund« und »Mund« oder zwischen »Keller« und »Teller«.

Allerdings gehört zu einem guten Hörvermögen nicht nur ein einwandfrei funktionierendes Trommelfell, sondern auch eine gute Hörwahrnehmung. Gemeint ist damit der gesamte Prozess von der Aufnahme von akustischen Reizen (Geräusche, Klänge, Sprache) im Ohr bis hin zu ihrer Verarbeitung im Gehirn. Erst nachdem das

Gehörte im Gehirn gespeichert wurde, kann es in aktive Sprache umgesetzt werden.

So entwickelt sich mit der Hörwahrnehmung das Sprachverständnis des Kindes. Das Kind beginnt schon im Babyalter zu begreifen, dass ein Wort stellvertretend für einen Gegenstand oder einen Vorgang stehen kann. Mit der Zeit speichert sein Gehirn eine immer größere Anzahl von Wörtern und verbindet mit jedem Begriff eine konkrete Vorstellung. Das Kind versteht die Bedeutung eines Wortes oder Satzes somit auch dann, wenn der betreffende Gegenstand oder Vorgang außerhalb seines Blickfelds liegt.

Etwa ein Jahr vor dem Schuleintritt lernt das Kind schließlich, gehörte Wörter in Teileinheiten zu erfassen, also beispielsweise Silben, Anfangslaute oder Reimwörter zu erkennen. Das ist eine wichtige Voraussetzung für das Lesen- und Schreibenlernen.

Vorsorgeuntersuchungen nicht vergessen!

Bitte achten Sie darauf, dass Ihr Kind keine Vorsorgeuntersuchung beim Kinderarzt versäumt. Das ist gerade im Hinblick auf die Sprachentwicklung sehr wichtig. Denn jeder Vorsorgetermin bietet eine Gelegenheit, das Gehör des Kindes untersuchen zu lassen. Mehr noch: Bei der sogenannten U7a für Dreijährige, die erst 2008 eingeführt wurde, konzentriert sich der Kinderarzt besonders auf die sprachliche Entwicklung des Kindes, um mögliche Verzögerungen rechtzeitig zu erkennen und eine entsprechende Therapie einleiten zu können.

Horch mal!

Als Eltern haben Sie vielerlei Möglichkeiten, das Sprachverständnis Ihres Kindes gezielt zu fördern. Zum Beispiel mit Spielen, die genaues Hinhören erfordern und damit die Fähigkeit der Geräusch- und Lautunterscheidung trainieren:

- Basteln Sie ein kleines Hörmemory, indem Sie je zwei Dosen mit gleichem Material füllen – zum Beispiel mit Nudeln, Grieß, Spielsteinen oder Sand. Das Kind soll durch Schütteln und Horchen versuchen, zusammengehörige Dosenpaare zu finden.
- Verbinden Sie Ihrem Kind die Augen und machen Sie Geräusche, die es erraten soll: Lassen Sie einen Würfel rollen, den Wasserhahn laufen, eine Schere klappern, einen Stift zu Boden fallen.
- Lassen Sie Ihr Kind nach Namen suchen, die alle mit dem gleichen Anfangslaut beginnen: Andreas, Albert, Anita, Amelie …

Hören und Verstehen sind die Voraussetzungen für das Sprechenlernen.

Der Wortschatz wächst

Wie bereits angedeutet, hängt es maßgeblich vom Sprachverständnis ab, wie gut Ihr Kind neue Begriffe erfassen und in seinen Wortschatz aufnehmen kann. Vielleicht gehört auch Ihr Sohn oder Ihre Tochter zu den Kindern, bei denen vor dem zweiten Geburtstag eine regelrechte »Wortschatzexplosion« einsetzte. Das ist ein ganz typisches Phänomen, das man im Fachjargon als Vokabelspurt bezeichnet: Sobald ein Kind über einen Wortschatz von etwa 50 Begriffen verfügt, erweitert sich dieser über einige Monate hinweg geradezu explosionsartig. Danach verläuft die Entwicklung wieder langsamer, wobei das Lerntempo immer noch bemerkenswert hoch ist.

Aktiver und passiver Wortschatz

Der passive Wortschatz umfasst alle Wörter, die ein Kind versteht, der aktive Wortschatz alle Wörter, die es beim Sprechen verwendet. Der passive Wortschatz ist stets größer als der aktive. Das gilt übrigens nicht nur für Kinder, sondern auch für Erwachsene: Wir alle kennen und verstehen eine Vielzahl von Fachbegriffen oder Fremdwörtern, die wir im täglichen Sprachgebrauch nie benutzen.

Das Beste, was Eltern ihrem Kind geben können: Zeit zum Zuhören, Reden und Erzählen.

Das Kind beginnt nun auch Regelmäßigkeiten im Wortschatz zu entdecken, was zu höchst interessanten, manchmal auch amüsanten Wortneuschöpfungen führen kann: Mit »Augentropfen« können zum Beispiel Tränen gemeint sein, mit »Mundhaare« ein Bart.

Im Kindergartenalter beginnt das Kind, die berühmten endlosen »Warum«-Fragen zu stellen, die manche Eltern fast zur Verzweiflung bringen. Sein Wortschatz wird nun immer differenzierter. Das Kind erfasst allmählich abstrakte Begriffe wie Mengen (viel, wenig, groß, klein), Gefühle (traurig, froh, wütend) und Zeiten (jetzt, heute Abend, morgen) und kann sie situationsgerecht anwenden. Damit ist es in der Lage, über Dinge zu sprechen, die sich außerhalb einer gegebenen Situation abspielen: zum Beispiel über einen bevorstehenden Urlaub oder über ein vergangenes Erlebnis. Weitere abstrakte Begriffe, die das Kind erlernt, sind Verhältniswörter wie »oben« oder »unten«, »vor« oder »zurück«, aber auch

Spiele für die Merkfähigkeit

Mit kleinen Aufträgen können Sie die Fähigkeit Ihres Kindes trainieren, sich Gehörtes besser zu merken. Bitten Sie es zum Beispiel beim Kofferpacken, bestimmte Dinge zu holen und einzupacken. Oder sagen Sie ihm vor dem Gang zum Supermarkt, was Sie einkaufen wollen, und fragen Sie es dann im Geschäft, ob es noch alle Dinge im Kopf hat.

Eigenschaftswörter wie »spannend«, »langweilig« oder »gefährlich«.

Ganz allgemein ist zu beobachten, dass sich der Umfang des Wortschatzes von Kind zu Kind erheblich unterscheiden kann. Diese Tatsache ist zunächst nichts Ungewöhnliches, trifft sie doch ebenso auf Erwachsene zu. Dennoch wird dem Wortschatz in der Sprachentwicklung meist eine besondere Rolle beigemessen. Wenn sich Eltern um die Sprachentwicklung ihres Kindes sorgen, so machen sie ihre Bedenken meist daran fest, dass ihr Kind weniger Wörter beherrscht als andere im selben Alter. Den übrigen Bereichen der Sprachentwicklung schenken sie – zu Unrecht – oft weniger Beachtung.

Bilderbücher erklären Kindern die Welt

Dinge und ihre Eigenschaften

Beziehen Sie Ihr Kind sooft es geht in alltägliche Tätigkeiten ein. Das gibt ihm Gelegenheit, durch Körper- und Sinneserfahrungen sein Begriffsvermögen zu erweitern: »Bitte hilf mir, die Spielzeugkiste zu tragen, sie ist schwer! – Vorsicht mit der Schere, sie ist scharf!« Auf diese Weise lernt das Kind die Eigenschaften von Gegenständen kennen und benennen.

Tipps zur Wortschatzerweiterung

■ Schon für Kleinkinder ist das gemeinsame Anschauen von Bilderbüchern eine überaus anregende Beschäftigung, erst recht für Kindergartenkinder.

- Lassen Sie Ihr Kind erzählen, was es auf den Bildern zu sehen gibt, und stellen Sie zwischendurch Fragen: »Siehst du, wo der Teddybär liegt?« – »Unter dem Tisch!« So übt Ihr Kind Begriffe wie »über« oder »unter«, »vor« oder »hinter«.
- Gehen Sie umgekehrt auf die Fragen Ihres Kindes ein – selbst wenn Ihnen die wiederholten Warum-Fragen zeitweise lästig werden. Wenn Sie etwas nicht wissen, sehen Sie in einem Sachbuch oder (Online-)Lexikon nach. So lernt Ihr Kind, dass man in Büchern und im Internet Informationen finden kann.
- Erzählen Sie Ihrem Kind regelmäßig Geschichten und sprechen Sie anschließend mit ihm darüber. Auch

Zum Aufbau eines reichen Wortschatzes gehören viele sinnliche Erfahrungen.

das hilft ihm, neue Begriffe in seinen Wortschatz aufzunehmen. Gehen Sie dabei besonders auf Gefühle und Stimmungen ein. So kann Ihr Kind abstrakte Begriffe wie »traurig«, »erschrocken« oder »zornig« besser begreifen. Wie mag sich der Junge aus der Geschichte gefühlt haben, als er seinen Teddy verloren hat?

- Finger- oder Handpuppen können die Fantasie und Sprechfreude Ihres Kindes stark anregen. Sprechen Sie es deshalb in passenden Spielsituationen mal mit einer Puppe an. Mit jedem Zwiegespräch, das sich daraus entwickelt, erweitert Ihr Nachwuchs seinen Wortschatz und sein Ausdrucksvermögen.

Schwierige Laute lassen sich durch Verse, Gedichte, Zungenbrecher und andere Sprachspiele trainieren.

Laute bilden – von A bis Z

Auch die Aussprache entwickelt sich bei Kindern unterschiedlich schnell. Wenn sie bei vielen Dreijährigen noch etwas »babyhaft« wirkt, so ist das völlig normal. Die Sprechwerkzeuge des Kindes reifen schließlich nicht von heute auf morgen heran. Erinnern Sie sich noch, wie Ihr Kind als Baby die ersten Laute von sich gab, bald immer munterer zu brabbeln begann und schließlich erste sinnvolle Wörter wie »Mama« oder »Wau-wau« zustande brachte? Damit ein Kind solche einfachen und später auch schwierigere Laute bilden kann, müssen seine Sprechorgane (Lippen, Zunge, Kiefer, Wangen, Gaumensegel, Kehlkopf und Stimmbänder) nicht nur intakt sein, sondern auch immer geschickter und beweglicher werden. Denn jedem Laut liegt ein eigenes motorisches Muster zugrunde.

Schwierige Laute spielerisch üben

- Den Laut »sch« können Sie mit Ihrem Kind bei einem Spiel üben: Das Kind ist der Zugführer, der die Lok mit »sch-sch-sch« in Bewegung setzt.
- Um den Laut »s« zu üben, verwandeln Sie und Ihr Kind sich in Schlangen, die sich mit einem zischenden »sssss« durchs Zimmer schlängeln.
- Den Laut »r« trainieren Sie mit einem Autobahnspiel. Jeder Mitspieler schiebt ein Fahrzeug über eine gemalte Autostrecke. Je höher das Tempo, desto lauter brummt der Motor: »rrrrrr«.

Das heißt, für jeden Laut müssen die Sprechorgane eine ganz bestimmte Position einnehmen. Um beispielsweise ein »k« zu sprechen, öffnet man leicht den Mund und drückt den Zungenrücken an den Gaumen. So wird das individuelle Bewegungsmuster für jeden Laut im Gehirn des Kindes gespeichert und dann durch Hören und Nachahmen so lange nachgebessert, bis die Aussprache mit dem gehörten Vorbild identisch ist. Es dauert einige Zeit, bis das Kind seine Sprechwerkzeuge fehlerfrei einsetzen kann. Mit vier Jahren kann es in der Regel alle Laute korrekt aussprechen. Eine Ausnahme bilden die Laute »sch«, »s« und »r«, die manchen Kindern noch schwerfallen, ebenso bestimmte schwierige Konsonantenverbindungen, wie zum Beispiel »str« oder »spr«. Mit fünf Jahren sollten Kinder in der Lage sein, alle Laute richtig zu bilden.

Die Mundmotorik trainieren

■ Auch wenn es uns meist nicht bewusst ist: Ein Kind trainiert seine Mundmotorik sehr wirksam beim Essen. Beim Kauen und Schlucken muss es nicht nur Lippen, Zunge und Kiefer bewegen, sondern diese Bewegungen auch richtig koordinieren. Sie können die täglichen Mahlzeiten nutzen, um die Geschicklichkeit der Mundmotorik noch effektiver zu fördern:

- Lassen Sie Ihr Kind öfter mit dem Strohhalm trinken.
- Ermuntern Sie es, Essensreste an den Lippen und am Mundwinkel mit der Zunge abzulecken, und machen Sie es ihm vor. Oder erlauben Sie ihm zwischendurch auch mal, seinen Teller ganz sauber abzuschlecken.
- Wenn Sie bei festlichen Anlässen eine Tischkerze anzünden, lassen Sie Ihr Kind zum Schluss die Kerze auspusten.

In der Grammatik und Satzbildung vollzieht das Kind im Kindergartenalter einen bedeutenden Entwicklungsschritt, mit dem es die Kleinkindsprache ablegt: Es lernt, dass in einem Aussagesatz das Verb nicht am Satzende steht (»Mama Suppe kocht«), sondern zwischen Subjekt und Objekt (»Mama kocht Suppe«). Mit vier Jahren können viele Kinder dann schon Sätze mit Nebensätzen bilden, wobei der Satzbau zum Teil noch fehlerhaft ist. Eine weitere wichtige Stufe ist erreicht, wenn das Kind Verben richtig konjugieren kann. Dabei fällt der 2. Person Singular eine Schlüsselrolle zu: Wenn das Kind die Verb-Endung in dieser Person (»Du machst …«, »Du kannst …«) korrekt bilden kann, beherrscht es auch alle übrigen Konjugationsformen.

Die Grammatik wird perfekt

■ Mit etwa fünf Jahren lernt das Kind außerdem, Pluralformen und verschiedene Zeitformen zu verwenden. Dadurch ist es immer besser in der Lage,

Auch beim Sprechenlernen sind Sie Vorbild. Achten Sie deshalb im Alltag auf Ihre Sprache!

Gute Sprachvorbilder liefern

Beobachten Sie immer mal wieder Ihr eigenes Sprachverhalten. Dabei wird Ihnen auffallen, dass wir in Alltagssituationen häufig unvollständige Sätze benutzen (»Weiß nicht.« – »Kann sein.«). Bemühen Sie sich bewusst, Ihrem Kind ein gutes Sprachvorbild zu sein: Sprechen Sie in ganzen Sätzen, lesen Sie ihm aus guten Büchern vor und wählen Sie CDs und Kinderfilme gezielt nach Inhalt und Sprachqualität aus.

Geschichten nachzuerzählen und von eigenen Erlebnissen zu berichten. Es verwendet jetzt des Öfteren das Wort »weil«, um seine Aussagen zu begründen – ein Zeichen dafür, dass es immer mehr Zusammenhänge erkennt und allmählich Diskussions- und Verhandlungsgeschick entwickelt.

Spiel und Spaß mit Grammatikformen

■ Mit folgenden Spielangeboten können Sie Ihr Kind dabei unterstützen, korrekte Sätze zu bilden:

- Verwandeln Sie sich in Gedanken in ein Tier und lassen Sie Ihr Kind durch Fragen erraten, um welches Tier es sich handeln könnte: »Hast du Federn?« – »Kannst du fliegen?« – Lebst du im Wasser?« Damit übt Ihr Kind die richtige Satzstellung bei Fragesätzen und die Verbform in der 2. Person Singular.
- Spielen Sie einen Pizzaservice, bei dem Ihr Kind seine Wunschpizza bestellen darf: »Ich möchte gern eine Pizza mit Tomaten, Zwiebeln, Pilzen, Käse ...« So trainiert Ihr Kind nicht nur seinen Wortschatz, sondern auch die Pluralbildung.
- Ihr Kind liegt mit geschlossenen Augen auf dem Bauch und Sie »behandeln« seinen Rücken mit verschiedenen Materialien. Anschließend soll es sagen, was Sie gemacht haben: »Du hast mich mit einem Waschlappen massiert, mit einer Feder gekitzelt etc.« So übt Ihr Kind die Vergangenheitsform in der 2. Person Singular.

Kinder brauchen Gesprächspartner, um ihre sprachlichen Fähigkeiten zu verbessern.

Tischgespräche

Je weiter es mit der Sprachentwicklung vorangeht, desto mehr wird Ihr Kind für Sie zum Gesprächspartner. Nutzen Sie günstige Gelegenheiten zur Unterhaltung. Sie bieten sich vor allem bei den Mahlzeiten. Lassen Sie Ihren Nachwuchs von seinen Erlebnissen berichten und hören Sie ihm gut zu. Fassen Sie das Gehörte zwischendurch kurz in eigenen Worten zusammen. So zeigen Sie Ihrem Kind, dass Sie interessiert bei der Sache sind.

Probleme beim Sprechenlernen

■ Alle vier beschriebenen Bereiche – Sprachverständnis, Wortschatz, Lautbildung und Grammatik – sind für die Sprachentwicklung von Bedeutung. Wenn sich Ihr Kind in einem oder mehreren dieser Bereiche nicht altersgemäß entwickelt, kann das ein Hinweis auf eine Sprachentwicklungsstörung sein. Diese lässt sich an folgenden Anzeichen erkennen:

- Eingeschränktes Sprachverständnis: Das Kind versteht die Bedeutung von Wörtern oder Sätzen nicht.
- Eingeschränkter Wortschatz: Das Kind findet beim Sprechen die passenden Wörter nicht.
- Fehlerhafte Lautbildung: Das Kind lässt schwierige Laute aus oder ersetzt sie durch andere (statt »Frosch« sagt es zum Beispiel »Foss« oder »Floss«).

- Fehlerhafte Grammatik: Das Kind bildet unvollständige Sätze (»Papa neues Auto«), baut Sätze falsch auf (»Mama nach Hause geht«) oder hat Schwierigkeiten mit bestimmten grammatikalischen Formen (»der Katze«).

Sprache und Bewegung

Kindern im Kleinkind- und Kindergartenalter hilft es beim Sprechenlernen sehr, wenn Gesprochenes mit rhythmischer Bewegung kombiniert wird – zum Beispiel mit Klatschen, Stampfen, Tanzen oder Kreisspielen. Das Gehirn nimmt auf diese Weise neue Wörter leichter auf. Liederbücher oder Bücher mit Kinderreimen bieten hier vielfältige Anregungen.

Lassen Sie Ihr Kind vom Kinderarzt oder einem HNO-Arzt untersuchen, wenn Sie solche Schwierigkeiten beobachten. Dort erhalten Sie, wenn nötig, eine ärztliche Verordnung für eine logopädische Behandlung. Warten Sie im Zweifelsfall nicht allzu lange ab, damit Ihrem Kind vor dem Schuleintritt noch genügend Zeit für eine Behandlung bleibt. Bedenken Sie, dass bei anstehenden Therapien häufig längere Wartezeiten in Kauf zu nehmen sind.

Wenn Kinder stottern

■ Etwa 20 Prozent aller Kinder durchlaufen im Alter zwischen drei und fünf Jahren eine Stotterphase. Bei den meisten handelt es sich allerdings nur um das sogenannte Entwicklungsstottern, das sich nach einiger Zeit von selbst wieder legt. Man nimmt an, dass es mit vorübergehenden Wortfindungsschwierigkeiten zusammenhängt: Das Kind möchte etwas erzählen und hat nicht alle passenden Begriffe parat. Es tritt daher beim Sprechen so lange auf der Stelle, bis ihm ein gesuchtes Wort eingefallen ist.

Stottern kann sich auf unterschiedliche Weise bemerkbar machen:

- Das Kind wiederholt Silben oder ganze Wörter mehrere Male (»die-die-die F-F-Flasche«).
- Es presst Anfangslaute (»B..... adewanne«) oder dehnt Vokale (»Vooooogelnest«).
- Manchmal gibt es noch andere Anzeichen: Das Kind bewegt beim Sprechen die Gesichtsmuskulatur mit oder beginnt vor Anstrengung zu schwitzen. Auch seine Atmung kann sich verändern.

Dauert das Stottern länger als ein halbes Jahr an und gesellen sich weitere

Scheuen Sie sich nicht, professionellen Rat zu suchen, wenn Sie bei Ihrem Kind Sprachauffälligkeiten beobachten.

Sprachauffälligkeiten – wie etwa eine fehlerhafte Aussprache – hinzu, so ist in der Regel eine logopädische Behandlung erforderlich.

So unterstützen Sie Ihr Kind

Kinder mit Sprachschwierigkeiten brauchen viel Unterstützung – sonst nagt der Misserfolg am Selbstbewusstsein.

■ Eine gezielte Sprachtherapie sollten Sie niemals selbst in die Hand nehmen, sondern sie professionellen Therapeuten überlassen. Begleitend zur logopädischen Therapie können Sie Ihr Kind jedoch beim Sprechenlernen unterstützen.

- Ein Kind mit Sprachschwierigkeiten braucht gewöhnlich länger, bis es neue Wörter erfasst und in seinem Gedächtnis gespeichert hat. Sie können ihm helfen, indem Sie Ihre Handlungen kommentieren, wobei Sie neue oder schwierige Begriffe besonders deutlich aussprechen, vielleicht sogar wiederholen: »Ich hole jetzt die Einkaufstasche, dann können wir losgehen. Schau, hier ist die Einkaufstasche.«
- Wenn sich Ihr Kind fehlerhaft ausdrückt, korrigieren Sie es nicht. Wiederholen Sie seinen Satz einfach in der richtigen Form: »Hund hat Wurst gegesst.« – »Aha, der Hund hat die Wurst gegessen.«
- Kinder mit einem eingeschränkten Wortschatz haben oft Probleme, den richtigen Begriff zu finden. Sie brauchen daher länger, bis sie einen Satz zu Ende gebracht haben. Hören Sie Ihrem Kind trotzdem gut zu und lassen Sie es ausreden. Falls sich Ihr Kind nicht klar ausgedrückt hat, haken Sie nach, bis Sie verstanden haben, was es sagen möchte.
- Falls Ihr Kind stottert, verzichten Sie bitte darauf, ihm Tipps für »richtiges« Sprechen zu geben, um es nicht noch mehr zu verunsichern. Unterbrechen Sie es auch nicht beim Erzählen und setzen Sie es nicht unter Zeitdruck. Sorgen Sie stattdessen für angst- und stressfreie Sprechsituationen: Durch gemeinsames Singen und Reimen, durch Puppen-, Rollen- und Fingerspiele können Sie die Sprechfreude Ihres Kindes wecken. <<<

Blickkontakt herstellen

Wenn Sie Ihr Kind ansprechen, stellen Sie nach Möglichkeit Blickkontakt her. So können Sie zum einen sichergehen, dass Ihnen Ihr Kind seine Aufmerksamkeit schenkt. Zum anderen erkennen Sie besser, ob Ihr Kind Sie verstanden hat.

Die Sprachentwicklung

Alter	Das kann Ihr Kind bzw. wird es bis zum nächsten Geburtstag lernen
3 Jahre	• Formuliert einfache, korrekte Aussagesätze: »Peter spielt Fußball.« • Spricht in der Ich-Form: »Ich habe Hunger.« • Verwendet auch die übrigen Personalpronomen (du, dich, dein etc.). • Kann Verben richtig konjugieren: »Lena schaukelt.« • Bildet Sätze in der Vergangenheitsform: »Wir haben gespielt.« • Bildet korrekte einfache Fragesätze durch Umstellung von Subjekt und Verb: »Was macht Papa?« • Stellt viele Warum-Fragen. • Versteht ca. 1000 Wörter.
4 Jahre	• Kann fast alle Laute und Lautverbindungen korrekt aussprechen. • Bildet Sätze aus mehr als fünf Wörtern sowie erste Nebensätze. • Verfügt über einen Wortschatz von etwa 2000 Wörtern. • Erzählt kurze Geschichten richtig nach. • Lernt Gedanken, Gefühle und Wünsche in Worte zu fassen. • Findet zunehmend Gefallen an Reimen und Wortspielereien.
5 Jahre	• Kann längere Geschichten erzählen und von eigenen Erlebnissen berichten. • Beginnt beim Telefonieren seinen Vor- und Nachnamen zu nennen. • Besitzt eine fehlerfreie Aussprache. • Macht nur noch wenige grammatikalische Fehler. • Verwendet verschiedene Zeitformen (Vergangenheit, Gegenwart, Zukunft) sowie Pluralformen. • Fragt nach, wenn es etwas nicht verstanden hat. • Erweitert seinen passiven Wortschatz auf bis zu 8.000 Wörter.
6 Jahre	• Kann fließend kommunizieren, ohne über seine Sprache nachzudenken. • Findet Oberbegriffe wie »Insekten« für »Libelle, Fliege, Schmetterling«. • Kann aus drei bis fünf vorgegebenen Begriffen (wie »Tiger, Zähne, scharf«) einen vollständigen Satz bilden. • Sein passiver Wortschatz umfasst beim Schuleintritt in der Regel etwa 13.000 bis 14.000 Wörter, sein aktiver Wortschatz etwa 5.000 bis 9.000 Wörter.

Erkennen, erforschen und verstehen

Die kognitive Entwicklung

Mit dem Begriff »kognitive Entwicklung«, den der Schweizer Psychologe Jean Piaget (1896-1980) geprägt hat, ist die Entwicklung des Gehirns und seiner geistigen Funktionen gemeint. Zu diesen Funktionen gehören Intelligenz, Denken, Wissen und Sprache, aber auch Wahrnehmung (insbesondere die Seh- und Hörwahrnehmung), Gedächtnis und Konzentration. Da die Wahrnehmung die Basis für alle kognitiven Prozesse darstellt, soll auf sie im Folgenden noch einmal eingegangen werden.

Seh- und Hörwahrnehmung

Der Begriff »Wahrnehmung« beschreibt den gesamten Vorgang von der Aufnahme von Sinnesreizen durch die Sinnesorgane bis hin zur ihrer Verarbeitung und Speicherung im Gehirn und die daran anknüpfenden Reaktionen und Fähigkeiten. So ist ein Kind, das über eine gut funktionierende Sehwahrnehmung verfügt, beispielsweise in der Lage, Objekte an ihren charakteristischen Eigenschaften zu erkennen, selbst wenn es sie aus verschiedenen Blickwinkeln betrachtet oder diese in Farbe, Form, Größe und Material variieren. Das Kind wird demnach Schuhe immer als solche erkennen, egal ob es sich um Stiefel oder Sandalen handelt. Eine gute Sehwahrnehmung schließt außerdem die Fähigkeit ein, ein wichtiges Objekt oder eine Person aus einem unwichtigen Hintergrund oder einer Kulisse herauszuheben. Dadurch kann Ihr Kind zum Beispiel auf einem Gruppenfoto aus dem Kindergarten sofort sich selbst und seine Freunde wiedererkennen. Außerdem gehört zur intakten Sehwahrnehmung das räumliche Orientierungsvermögen, das es dem Kind ermöglicht, sich selbst oder andere Personen beziehungsweise Objekte in einer räumlichen Beziehung zur Umgebung wahrzunehmen. So bekommt es ein Verständnis für Begriffsgegensätze wie »davor – dahinter«, »darüber – darunter«, »innen – außen«.

Ebenso wie bei den Begriffen »Sehen« und »Sehwahrnehmung« ist unter »Hören« und »Hörwahrnehmung« nicht genau dasselbe zu verstehen. Das

Eine gute Wahrnehmungsfähigkeit ist die Voraussetzung dafür, dass sich ein Kind gesund entwickelt.

Bilderbücher

Sehen Sie sich mit Ihrem Kind immer wieder Bilderbücher an. Dabei trainiert es sehr effektiv seine Sehwahrnehmung. Besonders anspruchsvoll sind Wimmelbücher, bei denen das Kind in einer Vielzahl von Motiven eine ganz bestimmte Figur entdecken soll.

Kinder betrachten ihre Umwelt mit Neugier und Interesse

heißt, mit Hörwahrnehmung ist nicht nur das Eintreffen von Schall im Ohr und seine Weiterleitung durch die Hörnerven ins Gehirn gemeint, sondern auch die Verarbeitung der Höreindrücke im Gehirn und die damit verbundenen Reaktionen und Fähigkeiten.

Eine dieser Fähigkeiten besteht darin, aus einer Geräuschkulisse wie Stimmengewirr oder Straßenlärm bestimmte Töne herauszuhören, zum Beispiel die Stimme einer vertrauten Person. Dank dieser Fähigkeit lernt Ihr Kind, aufmerksam zuzuhören, ohne sich von Umgebungsgeräuschen ablenken zu lassen. Das wird spätestens beim Eintritt in die Schule wichtig, da dort von Ihrem Kind erwartet wird, dass es selbst bei einem gewissen Lärmpegel noch mitbekommt, wenn etwas Wichtiges gesagt wird.

Zur intakten Hörwahrnehmung gehört außerdem die Fähigkeit, Geräusche zu identifizieren und zu orten (beispielsweise Vogelgezwitscher im

Motive suchen

Eine alte Zeitschrift lässt sich für eine Übung der Sehwahrnehmung verwenden. Geben Sie Ihrem Kind einen Stift und bitten Sie es, die Zeitschrift nach einem bestimmten Bildmotiv zu durchsuchen, etwa nach einem Auto, einen Baum oder einem Vogel. Das Kind soll jedes gefundene Motiv mit dem Stift einkreisen. Anschließend prüfen Sie gemeinsam nach, ob alle Bilder gefunden wurden.

Die kindliche Wahrnehmung lässt sich gezielt durch Spiele für alle Sinne fördern.

dabei die Wahrnehmung mit allen sieben Sinnen: Hör- und Sehsinn, Geruchs- und Geschmackssinn sowie die drei Grundsinne (Hautsinn, Muskel- und Stellungssinn, Gleichgewichtssinn). Je mehr Sinneseindrücke ein Kind in den ersten Lebensjahren aufnimmt und verarbeitet, umso strukturierter und differenzierter entwickelt sich sein Gehirn. Denn mit jeder Sinneserfahrung werden in der Großhirnrinde neue Verknüpfungen zwischen den Nervenzellen geschaffen beziehungsweise bestehende gefestigt. Etwa sechs Jahre dauert es, bis sich im Gehirn des Kindes schließlich eine stabile Struktur an Verschaltungen herausgebildet hat.

Das kindliche Gehirn vollbringt in den ersten Lebensjahren wahre Wunderleistungen.

Garten) sowie die Fähigkeit, auditive Signale richtig zu deuten (etwa Tellergeklapper mit einer bevorstehenden Mahlzeit in Verbindung zu bringen).

Alle diese Fähigkeiten entwickeln sich größtenteils bis zum beginnenden Schulalter. Mit etwa sieben Jahren ist die Entwicklung der Seh- und Hörwahrnehmung – ebenso wie die der anderen Wahrnehmungsbereiche – dann im Großen und Ganzen abgeschlossen.

Wie sich Denken und Merkfähigkeit entwickeln

■ In den ersten Lebensjahren entwickelt sich das Denkvermögen von Kindern in geradezu rasantem Tempo. Das hängt mit der Entwicklung des Gehirns zusammen. Schon im Mutterleib werden im Gehirn erste Verschaltungen angelegt, zu denen im Lauf der ersten Lebensjahre unzählige weitere hinzukommen. Eine wesentliche Rolle spielt

Die Hirnforschung hat außerdem herausgefunden, dass die Verschaltungen in einer bestimmten Reihenfolge heranreifen. Das heißt, es gibt für jeden Entwicklungsbereich eine sensible Phase – auch Lernfenster genannt –, in der das Gehirn besonders empfänglich für Lernangebote aus dem entsprechenden

Wo klingelt es?

Ein lustiges Spiel, das die Hörwahrnehmung schult: Sie schicken Ihr Kind aus dem Zimmer und verstecken in der Zwischenzeit ein Handy im Raum. Sobald Ihr Nachwuchs wieder im Zimmer ist, lassen Sie das Handy klingeln und Ihr Kind das Versteck durch Horchen ausfindig machen.

Bereich ist. So existieren zum Beispiel Lernfenster für die Sprachentwicklung, für die grob- und feinmotorische Entwicklung oder für das analytische Denken. Jedes Kind durchläuft diese sensiblen Phasen, doch lassen sie sich beim Einzelnen nicht exakt bestimmen, sondern zeitlich nur grob eingrenzen. Für die Sprachentwicklung zum Beispiel gilt, dass das Lernfenster etwa vom Ende des ersten bis zum Ende des vierten Lebensjahrs geöffnet ist. In dieser sensiblen Phase fällt es dem Kind verhältnismäßig leicht, sich beispielsweise eine Fremdsprache anzueignen. In späteren Jahren, wenn sich das Lernfenster geschlossen hat, ist die Sprachbegabung dann nicht mehr in dieser ausgeprägten Form vorhanden. Es ist also durchaus kein abwegiger Gedanke, bereits das Kleinkind- und Kindergartenalter für spielerisches Sprachentraining zu nutzen. Andererseits ist die sensible Phase auch ein wichtiger Grund, warum man bei Sprachauffälligkeiten eine logopädische Behandlung nicht unnötig lange hinauszögern sollte, da sonst das Lernfenster für die Therapie womöglich ungenutzt bleibt.

Kinder lernen leichter als Erwachsene – zum Beispiel eine Fremdsprache im Kindergartenalter.

Die Entwicklung des Denkens nach Piaget

Schon vor mehr als 50 Jahren hat der Psychologe Jean Piaget die Entwicklung des Denkens in Stadien eingeteilt. Dabei beschrieb er die Phase vom Kleinkind- bis zum beginnenden Schulalter (18 Monate bis sieben Jahre) als präoperationales (vorgedankliches) Stadium: Zu Beginn dieses Stadiums sieht das Kind sich selbst noch als Nabel der Welt. Es glaubt, dass alle anderen seine Gefühle, Wünsche und Ansichten teilen. In seiner Vorstellung sind alle Dinge belebt und können sogar eigene Absichten verfolgen (der Ball will nicht geradeaus, sondern im Bogen fliegen). Zwischen Objekten und Vorgängen, die zusammenhängend auftreten, stellt das Kind eine ursächliche Beziehung her (der Donner bringt den Regen). An das präoperationale Stadium schließt sich das konkret-operationale Stadium (sieben bis zwölf Jahre) an. Das Kind beginnt unter anderem zu begreifen, dass man bestimmte Vorgänge rückgängig machen oder umkehren kann, wie es beim Addieren und Subtrahieren der Fall ist. Das ist ein wichtiger Schritt in Richtung schulisches Lernen.

Vom Denken zur Merkfähigkeit

Die Entwicklung des Denkens lässt sich ebenso wie alle anderen Entwicklungsbereiche bis zu einem gewissen Grad beeinflussen. Am wichtigsten dabei ist, dass Sie dem Kind von Anfang an vielfältige Sinnesreize bieten. Denn kleine Kinder nehmen neues Wissen nicht nur mit den Augen oder Ohren auf, sondern mit allen Sinnen. Erlauben Sie Ihrem Kind – zumindest soweit es für Sie tolerabel ist –, die Dinge in seinem Umfeld ausgiebig zu erforschen: Lassen Sie es ein Objekt in seine Bestandteile zerlegen, seine Eigenschaften untersuchen, seine Funktionsweise testen. Wenn Sie dem Forscherdrang und der Neugier Ihres Kindes freien Lauf lassen, bieten Sie ihm das beste Gehirntraining.

Tiergeschichten zum Mitmachen

Das folgende Spiel macht besonders viel Spaß, wenn mehrere Kinder daran teilnehmen. Als Erstes darf sich jeder Mitspieler ein Tier aussuchen, das er nachahmen möchte: Hund, Katze, Pferd, Esel, Vogel etc. Dann erzählen Sie eine Geschichte, in der die genannten Tiere möglichst oft vorkommen. Jedes Kind muss sofort mit dem entsprechenden Tierlaut reagieren. Wer seinen Einsatz verpasst, muss ein Pfand abgeben.

Sprechen Sie mit Ihrem Kind über neue Erfahrungen, dann prägen sich diese besser ein.

Wichtig ist darüber hinaus zu wissen, dass das Gehirn Wiederholungen braucht, um Eindrücke und Informationen zu vertiefen. Das ist in etwa vergleichbar mit einem Feldweg, in den sich im Lauf der Jahre die Spuren unzähliger Fahrzeuge in den Boden gegraben haben. In ähnlicher Weise sorgen Wiederholungen dafür, dass sich Informationen im Gehirn »einspuren«. Wenn ein Kind eine Beschäftigung ein ums andere Mal von vorn beginnt oder sich eine Geschichte immer wieder von Neuem anhört, so dient das genau diesem Zweck: die entsprechenden Informationen fest im Gehirn zu verankern. Gedächtnis und Merkfähigkeit sind somit ein wesentlicher Bestandteil der Denkfähigkeit. Wie schon erwähnt, merkt sich ein Kind zunächst Sachverhalte am besten, wenn es Dinge anfassen und mit allen Sinnen erkunden kann. Erst später ist es fähig, Bilder zu speichern, die aufgrund von Geschichten, Erläuterungen oder Vorführungen in seinem Kopf entstehen, also nur über die Hör- oder Sehwahrnehmung aufgenommen werden. Das heißt, je älter das Kind wird, desto besser ist es in der Lage, Informationen auch ohne Hilfe von praktischen Erfahrungen aufzunehmen und zu speichern – vorausgesetzt, sein Gehirn verfügt über die entsprechenden Grundbegriffe und Bilder.

Spannendes Gehirnjogging

■ Wenn Ihr Kind neue Eindrücke und Erfahrungen in der Erinnerung nochmals aufleben lässt, wird es sich diese umso nachhaltiger einprägen. Diese Tatsache können Sie nutzen, um die Merkfähigkeit Ihres Kindes zu fördern.

- Fragen Sie Ihr Kind beispielsweise nach einem Besuch im Streichelzoo gezielt nach Sinneseindrücken: »Wie hat sich das angefühlt, als dir das Pony aus der Hand gefressen hat?« – »Hast du bemerkt, wie die Ziegen gerochen haben?« – »Wie war es, dem Lämmchen über das weiche Fell zu streicheln?« – Was meinst du, wie hat sich das Kätzchen gefühlt, als seine Mama es so gründlich abgeschleckt hat?«
- Die Zoo-Erinnerungen lassen sich weiter vertiefen, wenn Sie mit Ihrem Kind ein Tierbuch anschauen. Gehen Sie dabei besonders auf Begriffe ein, die Ihrem Kind noch nicht so geläufig sind: Pfoten, Krallen, Schnurrhaare, Hörner, Hufe, Nüstern etc. Wenn Sie auf diese Weise frische Sinneseindrücke mit entsprechenden Begriffen verbinden, werden die Erinnerungen noch besser gespeichert.

Grundlagen der Mathematik

■ Mit dem Denken und der Merkfähigkeit entwickeln sich beim Kind nicht nur die sprachlichen Fähigkeiten, sondern auch Kompetenzen auf allen anderen Gebieten, darunter in der Mathematik. So lernt Ihr Kind im vierten Lebensjahr bereits erste Zahlen kennen. Möglicherweise kann es schon bis fünf oder zehn zählen. Doch das ist noch kein echtes Zahlen- und Mengenverständnis, sondern eher ein Zeichen, dass Ihr Kind sich Wörter gut einprägen und in der richtigen Reihenfolge wiedergeben kann – immerhin! Echtes Zählen geschieht jedoch nicht allein im Kopf, sondern auch mit den Händen: Das Kind berührt bei jeder Zahl eine bestimmte Menge von Gegenständen (oder zeigt mit dem Finger darauf) und ordnet die Menge der Zahl zu. Dieses Verständnis entwickelt ein Kind erst im fünften Lebensjahr. Später braucht es dann nicht mehr die Hände zum Zählen; es genügt ihm, sich das Anfassen

Zahlen zum Anfassen

In der Schule muss Ihr Kind die Zahlen nicht nur kennen, sondern sie auch lesen können. Das können Sie mit ihm spielerisch üben: Formen Sie mit ihm Zahlen aus Knetmasse oder backen Sie gemeinsam Zahlenplätzchen. Wenn Ihr Kind die Formen mit den Händen abtasten kann, prägt es sich die Zahlen leichter ein. Zahlen aus Holz gibt es außerdem im Spielwarenhandel zu kaufen. Mit ihnen können Sie zum Beispiel eine Lernuhr basteln (am besten mit beweglichen Zeigern). Durch das Anfassen der Ziffern und Bewegen der Zeiger lernt Ihr Kind leichter, die Uhr zu lesen.

Aller Anfang ist leicht: Mathematik beginnt mit Hüpfen und Singen.

Bewegung macht schlau

Der Begriff »Zahlenraum« kommt nicht von ungefähr. Denn Rechnen ist insofern ein räumlicher Vorgang, als es eine gewisse Raumorientierung voraussetzt. Beim Addieren und Subtrahieren etwa muss sich das Kind geschickt auf einer gedachten Skala hin- und herbewegen können. Das legt den Schluss nahe, dass Rechnen etwas mit Bewegung und Körpergeschick zu tun hat. Tatsächlich hat der Psychologe Jean Piaget schon vor Jahrzehnten erkannt: Wer nicht rückwärts gehen kann, kann auch nicht rückwärts zählen. Das sollte ein Grund mehr für Sie sein, Ihr Kind zu Bewegung und Geschicklichkeitstraining zu motivieren.

der Gegenstände vorzustellen. Mit sechs Jahren können fast alle Kinder bis 20, manche schon wesentlich weiter zählen. In diesem Alter sind sie außerdem in der Lage, in Einer- und Zehnerschritten zu denken. Damit haben sie die Grundlage des Dezimalsystems erfasst. Das ist eine wichtige Voraussetzung für den Mathematikunterricht in der Grundschule, wo Kinder lernen, zunächst im Zehner-, dann im Hunderter- und Tausenderraum und später noch weiter zu rechnen.

Ich sehe was, was du nicht siehst

Dieses beliebte Spiel lässt sich anstatt mit Farben auch mit Maßen und Formen spielen. Lassen Sie Ihren Nachwuchs zum Beispiel nach Gegenständen im Haushalt suchen: »Ich sehe was, was du nicht siehst, und das ist (lang – kurz – rund – dreieckig – viereckig – wellenförmig – gebogen ...).

Rechnen ist wie Spazierengehen in gedachten Räumen.

Eine Vorstellung von Mengen entwickelt Ihr Kind außerdem beim Spielen mit Materialien, die man gut schütten kann. Wenn es Wasser oder Sand von einem großen Behälter in einen kleinen (oder umgekehrt) gießt, bekommt es eine Vorstellung von Gegensatzpaaren wie »viel – wenig« »groß – klein«, »schwer – leicht«.

Formen und Figuren sind ebenfalls ein wesentlicher Bestandteil der Mathematik, genauer gesagt die Grundlage der Geometrie. So lernt Ihr Kind zum Beispiel, dass man aus Quadraten, Dreiecken, Kreisen und Halbkreisen ein Haus oder ein Auto zusammensetzen kann. Dasselbe gilt für dreidimensionales Konstruieren: Aus Würfeln, Quadern, Halbkugeln und Pyramiden lassen sich ganze Bauwerke errichten. Hier sieht man, dass der Grundstein für mathematische Fähigkeiten gewissermaßen mit den ersten Bauklötzen gelegt wird.

Vielleicht kennen Sie auch das aus eigener Erfahrung: Zwischen zwei und vier Jahren entwickeln viele Kinder eine ausgesprochene Vorliebe für das Ordnen und Gruppieren von Spielsachen oder anderen Gegenständen. (Leider verliert sich dieser Ordnungssinn später meist wieder!) Auf diese Weise üben sie ebenfalls sehr effektiv den Umgang mit Mengen, Formen und Mustern – kurzum ihr mathematisches Verständnis.

Mathematische Fähigkeiten spielerisch fördern

- Bei Tätigkeiten im Haushalt ergeben sich immer wieder Gelegenheiten, mit dem Nachwuchs das Zählen zu üben.
  - Zählen Sie beim gemeinsamen Aufräumen laut alle Gegenstände, die Sie in die Hand nehmen. Ihr Nachwuchs wird diese »Selbstgespräche« wahrscheinlich bald nachahmen.
  - Füllen Sie zusammen mit Ihrem Kind einen Obstkorb, indem Sie ihm die Obststücke nacheinander in die Hand geben und dabei mitzählen: »Eins – zwei – drei ...« Lassen Sie Ihr Kind die einzelnen Obststücke in den Korb legen und wiederholen Sie zum Schluss die Summe: »... vier – fünf –

Mittagessen bei der Hexe

Viele Kinder lieben den folgenden Reim – und lernen durch ihn ganz nebenbei die Zahlen und Uhrzeiten. Am besten nehmen Sie dazu eine (Kinder-)Uhr und zeigen bei jedem Vers die entsprechende Stunde an:

Morgens früh um sechs
kommt die kleine Hex.
Morgens früh um sieben
schabt sie gelbe Rüben.
Morgens früh um acht
wird Kaffee gemacht.
Morgens früh um neun
geht sie in die Scheun'.
Morgens früh um zehn
holt sie Holz und Spän'.
Feuert an um elf,
kocht dann bis um zwölf
Fröschebein und Krebs und Fisch:
Hurtig, Kinder, kommt zu Tisch!

Kinder können noch so richtig staunen und erforschen die Welt um sich herum sehr genau.

sechs. Jetzt liegen sechs Äpfel im Korb.«

- Wenn Sie Ihrem Kind mehrere Dinge in die Hand geben, benennen sie deren Zahl: »Hier sind zwei Bonbons für dich.« – »Diese drei Buntstifte gehören dir.«

Kinder sind geborene Forscher und Entdecker

■ Nicht nur die Mathematik ist für Kinder ein spannendes Wissensgebiet. Im Vorschulalter entwickeln Kinder generell ein großes Interesse an naturwissenschaftlichen Themen: Durch Fragen, Beobachten und Experimentieren versuchen sie, physikalische Gesetzmäßigkeiten, biologische Vorgänge und technische Zusammenhänge zu verstehen. Auch vor anderen Wissensgebieten wie Geschichte, Geografie oder Politik macht ihr Wissensdrang nicht halt. Täglich entdecken sie neue Themen, die es zu ergründen gilt. Dazu ein paar Beispiele:

Optik: Nachdem ein Kind etwa im vierten Lebensjahr die ersten Grundfarben (gelb, rot, blau) kennengelernt hat, interessiert es sich vielleicht verstärkt für optische Experimente. Es beobachtet zum Beispiel fasziniert, wie weißes Licht durch ein Prisma in seine Spektralfarben zerlegt wird.

Mechanik: Das Kind beginnt zu verstehen, dass viele Geräte dazu dienen, den

Nicht nur Jungen macht es Spaß, zu hämmern und zu werkeln

Menschen die Arbeit zu erleichtern. So hat ein Flaschenzug den Zweck, eine schwere Last ohne große Anstrengung in die Luft zu heben. Und in einem Fahrzeug mit Rädern lassen sich Waren wesentlich leichter transportieren, als wenn man sie in einer Kiste über den Boden zieht.

Fahrzeugtechnik: Vor allem Jungen interessieren sich für Fahrzeuge aller Art. Aus welchen Teilen setzt sich ein Auto zusammen? Wie funktioniert ein Motor? Wozu dienen die Achsen und wie müssen die Räder daran befestigt sein, damit sie ins Rollen kommen?

Elektrizität: Dass Strom nicht nur durch Leitungen fließt, erfährt das Kind, wenn es an einem Teppichboden reibt oder beim Ausziehen eines Pullovers die Funken sprühen sieht – bei Dunkelheit ein beeindruckendes Schauspiel.

Körper: Das Kind beginnt sich auch mit dem Wunderwerk des eigenen Körpers zu beschäftigen. Es versteht, dass im Organismus viele lebensnotwendige Vorgänge ohne sein aktives Zutun ablaufen: vom Herzschlag über die Atmung bis hin zur Verdauung.

Tiere: Das Kind eignet sich immer größere Kenntnisse über verschiedene Tierarten, ihre Lebensräume und ihre besonderen Eigenschaften an. So erfährt es zum Beispiel, dass Fische im Wasser atmen können, weil sie Kiemen haben, oder dass Katzen Raubtiere sind, weil sie Mäuse und Vögel jagen.

Pflanzen: Im Vorschulalter wissen Kinder, dass Pflanzen Lebewesen sind, dass aus einem winzigen Samenkorn eine große Pflanze heranwachsen kann und dass viele Pflanzen eine Rolle für unsere Ernährung spielen. Wahrscheinlich kann Ihr Kind schon einige Bäume und Sträucher anhand ihrer Blätter und Früchte unterscheiden.

Kleiner Feuerlöscher

Beim folgenden Experiment sollten Sie Ihr Kind nicht unbeaufsichtigt lassen. Doch die Zeit für den spannenden Versuch lohnt sich. Füllen Sie ein Glas zu etwa zwei Dritteln mit Wasser, setzen Sie ein Teelicht hinein und zünden Sie es an. Wie kann man die Flamme löschen, ohne sie auszublasen? Ganz einfach – indem man eine Brausetablette im Wasser auflöst!

Erklären Sie Ihrem Kind, wie der Effekt zustande kommt: Aus der Brausetablette löst sich Kohlenstoffdioxid. Dieses Gas steigt nach oben und verdrängt die Luft über der Kerze. Die Flamme erstickt, denn um zu brennen, braucht sie Sauerstoff – und der ist in Luft enthalten. Nach diesem Prinzip funktionieren übrigens viele Feuerlöscher: Sie sind mit Schaum und Kohlenstoffdioxid gefüllt.

Nachschub für den Wissensdurst

■ Neugierde, Tatendrang, Experimentierfreude – mit diesen Eigenschaften bringt Ihr Nachwuchs die besten Lernvoraussetzungen mit. Gönnen Sie ihm genügend Freiraum, um seine Umwelt zu erforschen. Nehmen Sie sich auch genügend Zeit, sich mit seinen Fragen zu befassen und ein spannendes Lernumfeld zu schaffen.

Kinder verstehen Naturphänomene am besten, wenn sie sie mit allen Sinnen begreifen.

Eine interessante Umgebung ist für das Lernen das A und O.

Experimentieren im Alltag: Mit etwas Fantasie können Sie zu Hause schöne Experimentierfelder einrichten – sei es in der Küche, im Bad oder im Keller. Manche Versuche lassen sich sogar mit alltäglichen Tätigkeiten verbinden. In der Badewanne zum Beispiel kann Ihr Kind mit Plastikflaschen experimentieren. Dabei wird es feststellen, dass eine leere Flasche auf der Wasseroberfläche schwimmt. Eine halbvolle Flasche sinkt ein Stück ins Wasser ein. Und eine Flasche, die ganz mit Wasser gefüllt ist, versinkt. Die Erklärung: Luft hat eine geringere Dichte als Wasser. Deshalb kann eine Flasche, in der sich nur Luft befindet, kein Wasser verdrängen.

Aus Medien lernen: Sicher wird Ihr wissbegieriges Kind Sie immer mal wieder mit einer Frage überraschen, auf die Sie keine zufriedenstellende Antwort wissen: Warum ist der Himmel blau? – Wie sind die Fische ins Meer gekommen? – Sind Pilze Pflanzen? – Was ist der Unterschied zwischen einer Burg und einem Schloss? – Warum muss ich gähnen, wenn ich müde bin? Nehmen Sie solche Fragen zum Anlass, um in Büchern oder im Internet zu recherchieren. Dabei werden auch Sie noch etwas dazulernen.

Spannende Ausflugsziele: Wer viel herumkommt, kann nicht nur viel erleben, sondern sammelt auch neues Wissen. Burgen und Schlösser etwa sind attraktive Ausflugsziele, wo Ihr Kind etwas über das Leben in anderen Zeiten lernen kann. Auch ein Besuch im Zoo oder im Museum lohnt sich, vor allem, wenn besondere Aktionen für kleine Besucher angeboten werden. Im Museum kann das zum Beispiel eine Vorführung über Elektrizität oder die Planeten unseres Sonnensystems sein, im Zoo eine Raubtierfütterung oder eine Greifvogelschau.

Kalt, wärmer, heiß

Dieses Spiel erfordert ein hohes Maß an Aufmerksamkeit. Vor allem auf genaues Hinsehen und Zuhören kommt es an. Schicken Sie Ihr Kind aus dem Zimmer und verstecken Sie einen bestimmten Gegenstand im Raum, zum Beispiel ein Spielzeugauto oder eine Puppe. Dann rufen sie Ihren Nachwuchs herein und lassen ihn suchen. Läuft Ihr Kind in die falsche Richtung, rufen Sie »Kalt!«, korrigiert es seinen Kurs, rufen Sie »Warm!«. Je näher es dem Versteck kommt, desto öfter wiederholen Sie »Wärmer!«. Kurz bevor das Kind das Versteck erreicht hat, rufen Sie »Heiß!« – nun ist der Gegenstand zum Greifen nahe.

Konzentriert bei der Sache

■ Neben der Merkfähigkeit gibt es eine weitere wichtige Voraussetzung, die für das Denken und Lernen eine Rolle spielt: Konzentration. Darunter versteht man die Fähigkeit eines Menschen, seine Aufmerksamkeit zu bündeln und sie über eine gewisse Zeit auf eine Sache oder Aufgabe zu richten. Diese Fähigkeit hängt zwar nicht von der Intelligenz ab, dennoch ist sie eine Grundvoraussetzung für jegliches Lernen. Denn ohne Konzentration ist die Aufnahme neuer Informationen kaum möglich.

Geräusche im Wald

Bei einem Waldspaziergang können Sie und Ihr Kind nicht nur frische Luft und neue Energie tanken; eine Ruhepause zwischendurch lässt sich auch wunderbar für eine Entspannungs- und zugleich Konzentrationsübung nutzen: Setzen Sie sich ganz still hin, schließen Sie die Augen und horchen Sie gemeinsam auf die Geräusche des Waldes: Hören Sie die Vögel zwitschern, die Insekten brummen, die Zweige knacken, den Wind in den Bäumen rauschen? Tauschen Sie sich leise darüber aus, was Sie wahrnehmen.

Die Fähigkeit zur Konzentration hängt teilweise von den erblichen Anlagen ab. Ist ein Kind von seinem Wesen her unruhig, impulsiv und sprunghaft, wird es sich weniger gut konzentrieren können als ein ruhiges, besonnenes und ausgeglichenes Kind. Zum Teil ist das Konzentrationsvermögen aber auch eine Sache des Alters: Je älter ein Kind wird, desto besser ist es in der Lage, sich zu konzentrieren. Dreijährige Kinder haben noch eine relativ kurze Aufmerksamkeitsspanne. Selbst wenn sie eine Sache sehr interessant finden, beschäftigen sie sich damit meist nur ein paar Minuten. Bis zum Beginn der Schulzeit eignen sich Kinder dann Verhaltensweisen an, die ihnen helfen, ihr Konzentrationsvermögen allmählich zu steigern: Sie lernen beispielsweise, sich gegen störende Einflüsse abzugrenzen oder eine Beschäftigung auch dann fortzuführen, wenn ihr Interesse daran nachzulassen beginnt.

Gute Lernbedingungen schaffen

Ein dreijähriges Kind sollte in der Lage sein, sich zumindest für kurze Zeit allein zu beschäftigen. Wenn Sie im Alltag zudem gute Rahmenbedingungen schaffen, helfen Sie Ihrem Kind, seine Aufmerksamkeitsspanne mit der Zeit kontinuierlich zu vergrößern. Sorgen Sie beispielsweise für spannende und zugleich konzentrationsfördernde Spielangebote. Dazu gehören kreative Beschäftigungen wie Konstruieren, Basteln und Malen ebenso wie Puzzles oder strategische Brettspiele, beispielsweise »Halma« oder »Monopoly junior«. Für alle diese Beschäftigungen gilt: Je mehr sie den Interessen Ihres Kindes entgegenkommen, desto ausdauernder wird es bei

15 Minuten Konzentration sind für ein fünfjähriges Kind schon eine gute Leistung.

der Sache sein. Für Ihr Kind ist es wichtig zu lernen, dass es bei einer Beschäftigung bleibt und sie nicht vorzeitig abbricht. Das braucht es später für den Erfolg in der Schule. Leiten Sie es daher immer wieder zur Ausdauer an, doch zwingen Sie es nicht, ein Spiel zu Ende zu bringen, das ihm keinen Spaß mehr macht.

Den Medienkonsum einschränken

Umgekehrt sollten Sie Ihren Nachwuchs bei einer spannenden Beschäftigung möglichst nicht unterbrechen. Denn hat Ihr Kind erst einmal den Faden verloren, wird es ihn später nicht so leicht wieder aufnehmen können. Unterbrechen Sie Ihr Kind daher nur, wenn es wirklich nötig ist. Machen Sie es auch nicht wie allzu wohlmeinende Eltern, die glauben, ihrem Kind einen Gefallen zu tun, wenn sie es von einer konzentrierten Beschäftigung an den Fernseher locken. Besser, Sie nehmen die Sendung auf, wenn Sie glauben, dass Ihrem Nachwuchs daran gelegen ist. Generell sollten die TV- und Computerzeiten für Vorschulkinder nicht mehr als eine halbe Stunde pro Tag ausmachen, da übermäßiger Medienkonsum das Konzentrationsvermögen einschränkt. Ähnliches gilt für akustische Reize. Verzichten Sie auf musikalische Dauerberieselung und stellen Sie bei einer besonders anspruchsvollen Beschäftigung ruhig mal das Telefon leise. Auch Hörspiel-CDs sollten bei einer konzentrierten Beschäftigung nicht nebenbei laufen. Sonst muss Ihr Kind seine Aufmerksamkeit ständig teilen und verliert vorzeitig den Faden.

Konzentration ist die Voraussetzung für erfolgreiches Lernen in der Schule.

Regelmäßige Ruhezeiten sind ebenfalls wichtig für die Konzentrationsfähigkeit. Ein Kind braucht ebenso wie ein Erwachsener kleine Auszeiten im Tagesablauf, in denen es sich entspannen und neue Energie tanken kann. Umso besser kann es sich danach wieder auf eine Aufgabe konzentrieren.

Genauso wichtig wie Ruhe ist ausreichende Bewegung, möglichst an der frischen Luft. Das liefert den nötigen Sauerstoffnachschub und schafft den

Klatschen und reimen

Klatschreime fördern die Überkreuzkoordination und die Zusammenarbeit der beiden Gehirnhälften. Dabei stehen zwei Partner einander gegenüber und klatschen in einer festgelegten Abfolge ihre Hände gegeneinander:

1. Die Spieler klatschen vor der Brust in die Hände.
2. Sie klatschen über Kreuz ihre rechten Handflächen gegeneinander.
3. Sie klatschen über Kreuz ihre linken Handflächen gegeneinander.
4. Sie klatschen parallel beide Handflächen gegeneinander.

Zu dem Klatschmuster 1 - 2 - 1 - 3 - 1 - 4 - 4 passt beispielsweise folgender Nonsens-Reim:

Die Schweine an der Leine,
die Affen, die da gaffen,
die Katzen mit den Tatzen,
die Tauben in den Lauben,
die Fliegen auf den Stiegen,
die Möwen und die Löwen,
die gehen jetzt nach Hause
und machen eine Pause.

erforderlichen Ausgleich zum konzentrierten Arbeiten im Sitzen. Für Kinder ist Bewegung besonders wichtig, nicht nur, weil sie sich dabei austoben und überschüssige Energien abbauen können. Bewegung regt auch die Gehirnentwicklung an und sorgt insofern für bessere Konzentration und geistige Leistungsfähigkeit.

Kleine Kinder ordnen, sortieren und stapeln voller Eifer

Probleme mit der Konzentration

■ Wenn ein Kind Schwierigkeiten hat, sich zu konzentrieren, kann das verschiedene Ursachen haben. Manchmal steckt das sogenannte Aufmerksamkeits-Defizit-Syndrom (ADS) dahinter, bei dem nach heutigem Wissensstand eine Hirnstoffwechselstörung vorliegt. ADS geht häufig mit motorischer Überaktivität einher. Die betroffenen Kinder haben dann nicht nur Schwierigkeiten, ihre Aufmerksamkeit zu bündeln, sondern gebärden sich auch zappelig und unruhig und ecken mit diesem Verhalten ständig an.

Eine weitere mögliche Ursache für Konzentrationsprobleme sind Wahrnehmungsstörungen. Wenn ein Kind zum Beispiel Schwierigkeiten mit der Grob- oder Feinmotorik hat, muss es sich bei Tätigkeiten, die ein entsprechendes Körpergeschick voraussetzen, viel mehr anstrengen als andere. Das führt dazu, dass es schnell ermüdet und die Beschäftigung vorzeitig abbricht. Konzentrationsprobleme können auch daher rühren, dass ein Kind im Babyalter die Krabbelphase übersprungen hat. Diese Phase ist wichtig, da sie die weitere Entwicklung des Kindes wesentlich beeinflusst: Beim Krabbeln übt das Kind ein diagonales Bewegungsmuster und beim Hinsetzen aus dem Vierfüßlerstand überkreuzt es durch Drehen des Oberkörpers seine Körpermittellinie. Diese Überkreuzbewegungen sind nicht nur die Voraussetzung für eine gute Körperkoordination, sondern auch für eine effektive Zusammenarbeit der beiden Gehirnhälften – und damit für die Konzentration.

Ausreichend Bewegung ist ein wichtiger Ausgleich zum konzentrierten Arbeiten.

Wenn bei Ihrem Kind der Verdacht auf ADS oder Wahrnehmungsstörungen besteht, sollten Sie das ärztlich abklären lassen. Beide Störungen bedürfen einer Therapie. Bei ADS kann begleitend dazu auch eine medikamentöse Behandlung sinnvoll sein. <<<

Die kognitive Entwicklung

Alter	Das kann Ihr Kind bzw. wird es bis zum nächsten Geburtstag lernen
3 Jahre	• Erfasst erste Mengenbegriffe (viel – wenig). • Kann Puzzles aus 15 Teilen zusammenlegen. • Beschäftigt sich gern damit, Gegenstände zu sortieren (z. B. verschiedene Tierfiguren) und Dinge immer wieder neu zu gruppieren. • Konstruiert immer größere Bauwerke aus Klötzen. • Beginnt Wege wiederzuerkennen.
4 Jahre	• Versteht, dass verschiedene Menschen ein Objekt aus verschiedenen Perspektiven sehen. • Kann gleiche Gegenstände verschiedener Farbe und Größe unterscheiden und benennen (z. B. roter und blauer Stift, großer und kleiner Ball). • Beginnt zu zählen. • Seine Zeitvorstellung reicht bis übermorgen. • Interessiert sich zunehmend für verschiedene Sachthemen (Tiere, Pflanzen, Weltall, Autos etc.). • Kann allmählich auch etwas schwierigere Spielregeln verstehen.
5 Jahre	• Entwickelt genauere Mengenvorstellungen durch Vergleiche. • Lernt, nach Bauanleitungen zu konstruieren. • Kann sich etwas unter Geld vorstellen. • Versucht, naturwissenschaftliche und technische Zusammenhänge durch Fragen zu ergründen; will wissen, wie Dinge funktionieren.
6 Jahre	• Kann sich bis zu 20 Minuten auf eine Aufgabe konzentrieren. • Ist in der Lage, sich kurzzeitig mehrere Dinge auf einmal zu merken. • Entwickelt ein Metagedächtnis und wird sich zunehmend bewusst, dass man Erlerntes auch wieder vergessen kann. • Kann an sich selbst zwischen links und rechts unterscheiden. • Kann über die Zahl 20 hinaus zählen.

Kleine Künstler am Werk

Die Entwicklung der Fantasie, Kreativität und musikalischen Begabung

■ Kinder sind neugierig und offen für alles Neue. Sie bewegen sich noch nicht in vorgegebenen Denkmustern und sind daher meist wesentlich kreativer als Erwachsene. Kinder sind wahre Meister der Fantasie und Erfindungsgabe. Sie lieben es, zu experimentieren – sei es mit Farben, Werkstoffen, Tönen und Klängen. Damit ihre Kreativität und künstlerische Begabung zur Entfaltung kommt, brauchen sie nur aufgeschlossene Eltern, die ihre Neugier und Experimentierfreude unterstützen.

Fantasiewelten und Rollenspiele

■ So gut wie alle Kindergartenkinder sind mit einer lebhaften Fantasie ausgestattet. Manchmal scheint ihr Ideenreichtum keine Grenzen zu kennen. Sie unterhalten sich mit Blumen, Stofftieren und Haushaltsgegenständen, als wären es Menschen. Sie können aus Kisten, Decken und Möbeln im Handumdrehen eine Höhle oder Burg zaubern. Sie erschaffen sich mit spielerischer Leichtigkeit ihre eigene Fantasiewelt, in der sie ganz und gar versinken. Das eine Mal wird das Kinderbett zum Raumschiff, das durchs Weltall schwebt, und das Kind zum Kapitän, der Kurs auf den Mars nimmt. Ein andermal verwandelt sich der Gartenpavillon in ein Hexenhaus und das Kind in eine Hexe, die einen Zaubertrank braut.

Hexenstunde

Auf einen Bogen Papier wird ein Kreis gezeichnet und dieser in sechs Segmente eingeteilt. In jedes Feld wird ein Gegenstand gemalt, der zu einer Hexe gehört: ein Besen, ein Hexenhut, ein Rabe, ein Hexenhaus, ein Zaubertrank, ein Hexenbuch. Nun darf sich ein Mitspieler ein Bild aussuchen und zu dem Gegenstand eine Geschichte erzählen. Dann kommt ein anderer Spieler dran.

Kinder sind wahre Meister der Fantasie.

So erschafft sich das Kind beim Rollenspiel immer neue Figuren, in deren Rollen es hineinschlüpft, und lebt seine Fantasie aus. Rollenspiele haben aber noch in anderer Hinsicht Bedeutung. Durch sie tasten sich Kinder erstmals in die Aufgabenwelt der Erwachsenen vor und bekommen eine Vorstellung davon, was es heißt, Verantwortung zu übernehmen: etwa den Haushalt zu erledigen oder ein Baby zu versorgen. Auch das Sozialverhalten des Kindes wird beim Rollenspiel gefördert: Wenn es beim Mutter-Kind-Spiel seine Puppe füttert, wickelt und schlafen legt, lernt es, auf die Bedürfnisse anderer zu achten, und übt auf diese Weise Rücksicht und Einfühlungsvermögen. Umgekehrt kann es im Spiel eigene Gefühle zum Ausdruck bringen oder seine jüngsten Erlebnisse verarbeiten. Denn manchmal ahmen Kinder im Rollenspiel einfach nur Menschen oder Situationen nach, die sie aus eigenem Erleben kennen: den strengen Hausmeister, der keine Kinderfahrräder im Treppenhaus duldet, oder die nette Nachbarin, die neulich alle Hausbewohner zum Gartenfest eingeladen hat.

Im Rollenspiel verarbeiten Kinder ihre Erfahrungen.

Zusammen mit Gleichaltrigen macht das Rollenspiel noch mehr Spaß. Denn einem anderen Kind muss man seine Fantasiewelt nicht lange erklären; es findet sich ohne Weiteres ein. Und wenn jedes Kind eine andere Rolle übernimmt, kann sich schnell eine spannende Geschichte entwickeln: Bei der Landung auf dem Mars begegnet der Astronaut einem Außerirdischen und funkt die Nachricht sofort an die Erdstation ...

Anregungen zum Rollenspiel

Das Gute am Rollenspiel ist, dass es nicht an Orte gebunden ist. Es kann in jeder Umgebung stattfinden, sei es im Kinderzimmer, im Keller, im Restaurant oder in einem Wartezimmer. Doch am intensivsten erleben Kinder das Rollenspiel in der freien Natur – das wissen die meisten Erwachsenen wohl noch aus der eigenen Kindheit. Vielleicht erinnern Sie sich, wie Sie selbst als Kind gemeinsam mit Ihren Spielkameraden durch Wald und Wiesen gestreift sind, um Indianer, Detektiv oder Schatzsucher zu spielen, und bei dieser Beschäftigung völlig die Zeit vergessen haben. Dabei gibt es in der Natur nicht einmal fertige Requisiten – doch die Fantasie hat umso mehr Entfaltungsmöglichkeiten: Da wird ein Baumstumpf kurzerhand zum Kanu umfunktioniert, ein abgebrochener Ast als Ruder eingesetzt, ein Häuflein Kieselsteine zum Schatz ernannt.

Tatsächlich kommt es beim Rollenspiel gar nicht so sehr auf fertige Requisiten an. Im Gegenteil, eine allzu perfekte

Rollenspiele machen stark

Rollenspiele helfen Kindern, ihre Ängste und Sorgen zu verarbeiten. Ihr Kind fürchtet sich vor Räubern? Dann hilft es ihm vielleicht, sich selbst in einen zu verwandeln: Einen Filzhut aufgesetzt, eine Decke als Mantel umgehängt, einen Plastikknüppel in die Hand genommen – fertig ist der Hotzenplotz, der jeden anderen Räuber in die Flucht schlagen kann.

Ausstattung kann die Fantasie des Kindes eher blockieren. Viel besser ist es, wenn das Kind durch vorhandene Gegenstände zum Improvisieren angeregt wird: Aus einem Pappkarton wird eine Theke, aus Bauklötzen werden Lebensmittelpackungen, aus Spielsteinen werden Münzen – und schon ist der Kaufladen fertig! Wenn der kleine Kaufmann Sie dann in seinen Laden bittet, lassen Sie sich auf sein Rollenspiel ein. So bestärken Sie Ihr Kind nicht nur in seiner Vorstellungswelt, Sie können nebenbei auch eine Menge über seinen aktuellen Entwicklungsstand erfahren. Zum Beispiel über seine kognitive Entwicklung: Wie gut ist Ihr Kind in der Lage, sich Gehörtes zu merken, wenn Sie als Kunde einen Wunsch äußern (»Ich möchte bitte ein Brot und zwei Äpfel!«)? Wie reagiert es auf Ihre Wünsche und wie äußert es sich dazu?

Doch nicht immer sind Requisiten verzichtbar. Manchmal können sie den Einstieg ins Rollenspiel und die Identifikation mit der Rolle erleichtern. Erlauben Sie Ihrem Kind deshalb, sich gelegentlich aus der Altkleider- oder Faschingskiste zu bedienen, vielleicht auch mal in Ihrem Kleiderschrank zu stöbern und Ihr Schminkzeug zu benutzen, damit es sich passend ausstaffieren kann: Zu einer Prinzessin gehören nun mal keine Jeans und kein Pullover, sondern ein langes Kleid und Glitzerschmuck.

Wenn Sie Ihr Kind beim Rollenspiel beobachten, werden Sie eine Menge über seinen Entwicklungsstand erfahren.

Malen, basteln und gestalten

Malen ist für die meisten Kinder eine äußerst anregende Beschäftigung, der sie sich mit erstaunlicher Ausdauer widmen können. Hingebungsvoll sieht

man sie pinseln und stricheln, bis sie ihr Werk vollendet haben. Interessant ist, dass man Kindern das Malen und Zeichnen nicht einmal beibringen muss

Stempelbilder

Aus einer halbierten Kartoffel lassen sich zwei Stempel schnitzen; geeignete Stempelmotive sind zum Beispiel ein Haus und ein Baum. Dann werden die Stempel mit Farbe bepinselt und auf einen Papierbogen gedrückt. So entsteht aus vielen Häusern und Bäumen eine Stadt mit einem Park. Mit Malstiften kann Ihr Kind zum Schluss noch weitere Motive in das Bild einfügen: Menschen, Hunde, Katzen, Vögel, Blumen, Straßen ...

– ihre gestalterischen Fähigkeiten entwickeln sich ganz von allein.

Ein dreijähriges Kind malt Menschen und Tiere noch als Kopffüßler: Das heißt, es zeichnet nur den Kopf, der mit Augen, Nase und Mund versehen sein kann, die Beine und die Arme, während der Rumpf fehlt. Gegen Ende des vierten Lebensjahrs werden die Figuren mit immer mehr Details versehen: So bekommt ein Gesicht nicht nur Augen, Nase und Mund, sondern auch Wimpern, Augenbrauen und Haare. Und ein Baum erhält nicht nur Stamm und Krone, sondern auch Zweige, Blätter und Früchte. Nun beginnt das Kind, verschiedene Motive in ein Bild zu integrieren, zum Beispiel ein Haus, einen Baum und eine Sonne. Es legt das Bild als Szene an und verleiht ihm damit einen erzählenden Charakter. Beim Aufbau des Bildes geht es ganz systematisch vor: Es beginnt sein Werk zum Beispiel mit einem blauen Streifen oben (Himmel) und einem grünen Streifen unten (Gras); erst dann fügt es die Objekte in der Mitte ein (Mensch, Haus, Baum, Sonne etc.). Mit etwa fünf Jahren beginnt das Kind, Objekte transparent zu malen, um ihr Innenleben sichtbar zu machen. Es deutet zum Beispiel ein Haus durch Umrisse an und zeichnet die Details im Inneren ein: Zimmer, Möbel, Bewohner.

Malen ist für Ihr Kind eine Möglichkeit, Stimmungen und Fantasien auszudrücken und Erlebnisse zu verarbeiten.

Auch Basteln und Werken fördern die kindliche Kreativität. Im Gegensatz zum Malen braucht das Kind hier jedoch Hilfe und Anleitung von Erwachsenen, um mit verschiedenen Techniken wie Schneiden, Falten, Heften, Nähen, Kleben etc. zurechtzukommen. Basteln erfordert außerdem eine gute Fingerfertig-

Einen Wetterzwerg basteln

Als Erstes nimmt man eine Wattekugel und malt mit einem Filzstift ein Gesicht darauf. Dann zeichnet man mit einer Schablone einen Kreis auf ein Stück Filz und schneidet ihn mit einer Schere aus. Der Kreis wird bis zum Mittelpunkt eingeschnitten und zu einem Hütchen gedreht; die Enden werden dabei festgeklebt oder (mit der Hilfe eines Erwachsenen) zusammengenäht. Als Nächstes wird das Hütchen mit Kleber und Stecknadeln auf dem Wattekugelkopf befestigt und dann der Kopf auf den Rumpf – einen Tannenzapfen – gesetzt. Fertig ist der Wetterzwerg, den Ihr Kind in seinem Zimmer ans Fenster stellen und damit das Wetter bestimmen kann: Die Zapfen schließen sich bei Feuchtigkeit und öffnen sich bei Trockenheit.

Knetmasse selbst gemacht

Modelliermasse können Sie leicht selber herstellen. Sie brauchen dazu 400 Gramm Mehl, 200 Gramm Salz, 2 Esslöffel Zitronensäure (Pulver aus der Apotheke), 2 Esslöffel Pflanzenöl, 500 Milliliter kochendes Wasser und Lebensmittelfarbe. Lösen Sie das Zitronensäurepulver unter Rühren in kochendem Wasser auf und fügen Sie die Lebensmittelfarbe hinzu. Dann verkneten Sie alle Zutaten mit einem Quirl und lassen den Teig abkühlen. In einem luftdicht verschlossenen Behälter ist die Knete wochenlang haltbar.

Mit dem richtigen Material werden Kinder zu kleinen Künstlern

keit, deshalb machen Kinder mit feinmotorischen Schwierigkeiten meistens einen großen Bogen um Bastelarbeiten.

Für das Modellieren mit Knetmasse lassen sich dagegen so gut wie alle Kinder begeistern. Und sie trainieren beim Kneten sehr effektiv ihre Fingerfertigkeit und ihren Krafteinsatz.

Anregungen zum kreativen Gestalten

■ Es bedarf nicht viel, um ein Kind zum Malen zu motivieren. Sie brauchen ihm nur geeignete Malwerkzeuge zur Verfügung zu stellen, zu denen es freien Zugang hat. Am besten richten Sie eine Malecke ein, wo Farben, Pinsel, Stifte und Papier liegenbleiben dürfen und Farbkleckse keinen großen Schaden anrichten.

Viele Kinder lieben es, in Gesellschaft zu malen. Setzen Sie sich daher gelegentlich dazu und fertigen Sie ein eigenes Bild an. Anschließend ergibt sich bestimmt eine Gelegenheit, sich über Ihre Werke auszutauschen, denn die meisten Kinder sprechen gerne über ihre Bilder. Bekunden Sie Ihr Interesse durch gezielte Fragen: »Wer läuft denn da durch den Garten?« Verderben Sie Ihrem Kind niemals die Freude, indem Sie sein Bild beanstanden. Erkennen Sie seine Kreativität stattdessen durch ein angemessenes Lob an und begründen Sie es auch.

Nehmen Sie sich Zeit, mit Ihrem Kind über seine Werke zu sprechen.

Wenn Ihr Kind Freude am Basteln hat, sorgen Sie für eine große Auswahl an Materialien: Papier, Filz, Wolle, Watte, Moosgummi – in Bastelbüchern und Fachgeschäften finden Sie reichlich

Kinder singen frei von Hemmungen und voller Freude

Stellen Sie Ihrem Kind möglichst viele unterschiedliche Materialien zum Malen, Basteln und Gestalten zur Verfügung.

Anregungen dazu. Zum Basteln eignen sich außerdem viele Naturmaterialien, die Sie bei einem Spaziergang oder einer Wanderung sammeln können: zum Beispiel Moos, Rinde, Steine, Blätter, Kastanien oder Tannenzapfen.

Beim Modellieren kann Ihr Kind ebenfalls mit verschiedenen Materialien experimentieren. Dabei macht es die Erfahrung, dass jedes Material andere Eigenschaften hat: Knete lässt sich immer wieder verändern, während Gips nach dem Trocknen hart wird und nicht mehr formbar ist. Auch mit Pappmaché kann man hübsche Skulpturen anfertigen, die nach dem Trocknen mit Schleifpapier oder einer Feinsäge bearbeitet und zum Schluss bemalt und lackiert werden können.

Singen und Musizieren

Wenn sich Kinder mit Musik beschäftigen, fördert das ihre Entwicklung in mehreren Bereichen – von der Körpergeschicklichkeit bis hin zum sozialen Verhalten. Wissenschaftliche Studien haben gezeigt, dass durch Musizieren die Ausbildung von Neuronen und Verknüpfungen im Gehirn angeregt wird. Wenn ein Kind zum Beispiel Flöte spielen lernt und regelmäßig übt, so werden dadurch schon nach kurzer Zeit entsprechende Verschaltungen im Gehirn angelegt. Je länger der Flötenunterricht andauert, desto mehr verfestigen sich die neuronalen Verschaltungen, die für die Fingergeschicklichkeit und die Hörwahrnehmung zuständig sind.

Auch die Tatsache, dass sich musikalische Erziehung auf Sprache und soziale Kompetenz auswirkt, ist wissenschaftlich belegt. So hat sich herausgestellt, dass musikalisch geübte Kinder eher als ungeübte in der Lage sind, aus gesprochenen Sätzen Emotionen wie Freude, Angst oder Ärger herauszuhören.

Musikalität entwickelt sich bei Kindern durch Zuhören und Nachahmen. Schon Babys horchen auf Töne und Klänge und versuchen, diese mit ihrer

Stimme – durch Quietschen, Glucksen und Prusten – nachzumachen. Dabei spielt es keine Rolle, ob es sich bei den Tönen um echte Musik oder um Laute wie Vogelgezwitscher oder Hundegebell handelt. Mit der Zeit werden auch Melodien geübt: Schon Dreijährige versuchen sich mit Freude an einfachen Kinderliedern. Die meisten Kinder haben überhaupt wenig Hemmungen zu singen. Wenn ihnen ein Lied gefällt, stimmen sie meist ohne Zögern fröhlich mit ein. Und wenn im Kindergarten ein neues Lied eingeübt wurde, singen sie zu Hause oft stundenlang weiter, um zu zeigen, dass sie den Text und die Melodie behalten haben.

Für ein Kind ist Singen ein ganz besonderes Erlebnis: Es spürt dabei seinen Körper und erlebt die Resonanz und die Kraft seiner Stimme. Es freut sich an seiner Ausdrucksfähigkeit und fühlt sich in seinem Selbstwert bestärkt. Beim Singen kann es auch Gefühle ausleben: Begeisterung und Jubel, Erwartung und Vorfreude, Ängstlichkeit und Traurigkeit.

Spiel mit der Lautstärke

Jeder Mitspieler denkt sich zunächst ein Lied aus, das er vortragen will, zum Beispiel »Hänschen klein« oder »Alle Vöglein sind schon da«. Dann beginnt einer zu singen: Anfangs ertönt seine Stimme ganz laut, dann wird sie allmählich leiser, als ob man bei einem Radio die Lautstärke zurückdreht. Zum Schluss ist der Gesang nur noch ein Flüstern. Wer es ausprobiert, wird merken: Das ist gar nicht so einfach.

Abgesehen vom Singen werden im Vorschulalter auch Musikinstrumente allmählich interessant. Ideal für Einsteiger ist ein Xylophon. Auf diesem Instrument kann das Kind nicht nur die Tonleiter ausprobieren, sondern auch mit Tempo und Rhythmus experimentieren. Mit fünf oder sechs Jahren, wenn die Mundmotorik entsprechend entwickelt ist, können Kinder dann auch einfache Blasinstrumente wie Blockflöte oder Melodika spielen lernen.

Musikalisch beschwingt durch den Alltag

■ Wenn Sie die musikalische Neigung Ihres Kindes fördern wollen, sollten Sie in Ihrer Familie öfter zusammen singen. Sie werden merken, dass dabei eine unvergleichliche Atmosphäre von Fröhlichkeit und Wärme entsteht. Wenn sich die vertrauten Stimmen von Menschen zu einem Chor vereinen, kommt ein starkes Gefühl von Gemeinschaft und Geborgenheit auf, das bei Kindern besonders intensiv ist.

Kinder haben noch einen ursprünglichen Zugang zu Musik und Rhythmik.

Wichtig ist allerdings, dass Sie ohne Vorbehalte an das Singen herangehen. Erwarten Sie von Ihrem Kind nicht, dass alles von Anfang an richtig und harmonisch klingen muss. Später im Musikunterricht in der Schule wird es schon merken, was falsch und richtig klingt. Bewerten Sie auch Ihr eigenes Talent nicht allzu kritisch. Sonst hemmt das die Begeisterung der anderen, ihrer Sangesfreude freien Lauf zu lassen. Natürlich können Sie eine Lieder-CD auflegen und mitsingen, wenn Sie Ihrem musikalischen Talent nicht

Selbst gebaute Flaschenorgel

Um eine Flaschenorgel zu bauen, brauchen Sie mehrere Glasflaschen, die Sie mit unterschiedlichen Mengen Wasser füllen: von leer bis voll. Sortieren Sie die Flaschen nach ihrem Füllstand und stellen Sie sie der Reihe nach auf den Tisch. Nun kann Ihr Kind mit einem Löffelstiel die Flaschen zum Klingen bringen. Dabei wird es feststellen: Je weniger der Inhalt, desto höher der Ton, je voller die Flasche, desto tiefer der Ton. Wer sich dann noch Zeit nimmt, die Orgel zu stimmen, wird ihr sogar echte Melodien entlocken können.

Gemeinsames Singen verbindet und macht Freude.

trauen. Doch wahrscheinlich wird Ihr Kind daran nicht halb so viel Freude haben. Ohne musikalische Vorgaben sind Sie nun einmal freier: Sie können eine Strophe sooft Sie wollen wiederholen oder nach Lust und Laune bestimmte Lieblingswörter Ihres Kindes in den Text einbauen.

Sie können Ihren Gesang außerdem mit eigenen Instrumenten begleiten. Das müssen keine echten Musikinstrumente sein. Um einen Rhythmus aufzunehmen, lassen sich auch ein Schlüsselbund als Rassel, ein Topf und ein Kochlöffel als Trommel oder ein Metallkleiderbügel und ein Löffel als Triangel einsetzen. Diese Art Hausmusik mag zwar wenig professionell sein, garantiert aber jede Menge Spaß.

Rhythmusgefühl und Tanzen

■ Musik fordert Kinder nicht nur zum Mitsingen auf, sondern löst bei ihnen auch spontane Bewegung aus. Schon Kleinkinder reagieren mit unverkennbarer Bewegungsfreude auf rhythmi-

sche Musik: Sie wippen mit dem Körper, klatschen in die Hände und drehen sich im Kreis. Wenn die Erwachsenen ihnen diesen Spaß lassen, vielleicht sogar selber mittanzen, entwickeln die meisten Kinder schnell ein Gefühl für Rhythmus und Tanz. Das gilt vor allem für Mädchen, die ihre Bewegungsfreude unbefangener ausleben als Jungen, die sich eher zieren und Tanzen als Mädchenkram abtun. Manche Jungs lassen sich dennoch anstecken, wenn sie beispielsweise in einer ausgelassenen Geburtstagsgesellschaft miterleben, wie viel Spaß es den anderen macht, zu fröhlicher Musik durch den Raum zu hüpfen.

Auch im professionellen Tanzunterricht, der schon für Kindergartenkinder angeboten wird, sind die Mädchen normalerweise deutlich in der Überzahl. Manche Tanzschulen werben deshalb mit dem gezielten Hinweis »Auch für Jungen geeignet«. Im Allgemeinen wird Tanzunterricht für Kinder ab einem Alter von drei bis vier Jahren empfohlen. Die Angebote reichen von Kindertanz und klassischem Ballett (ab dem Kindergartenalter) bis hin zu Jazz Dance, Hip-Hop und Breakdance (ab dem Schulalter).

Tanzunterricht für Kindergartenkinder

■ Tanzen hat viele positive Effekte: Es schult das Rhythmusgefühl, fördert die Körperkoordination und erhöht die Ausdrucksfähigkeit des Körpers. Speziell Ballett verbessert zudem die Körperhaltung und das Gleichgewicht. Generell ist Tanzen gut für die ganzheitliche Entwicklung, denn es macht Kinder nicht nur körperlich und geistig beweglich, sondern sorgt auch für seelische Ausgeglichenheit.

Viele Kinder lassen sich fürs Tanzenlernen begeistern, wenn man ihnen nur das richtige Angebot macht. Dabei spielen neben dem Alter auch der Musikgeschmack und das Temperament des Kindes eine Rolle. Hier die Auswahlmöglichkeiten für Kinder im Kindergartenalter:

- Beim kreativen Kindertanz können Kinder ab drei bis vier Jahren spielerisch ihrem natürlichen Bewegungsdrang folgen. Den Schwerpunkt bilden Tanz- und Improvisationsspiele und die Vermittlung elementarer Tanzbewegungen. Kreativer Kindertanz bietet damit eine optimale Grundlage für jede weiterführende Tanztechnik. Außerdem lernen die Kinder, ihre Bewegungen mit denen der anderen Teilnehmer abzustimmen und sich in eine Gruppe einzufügen.
- Auch Ballettunterricht für Kinder wird gewöhnlich ab drei bis vier Jahren angeboten. Natürlich beginnt das Training noch nicht auf Spitzenschuhen, doch wird gezielt auf die Techniken des klassischen Balletts hingearbeitet. Dazu gehören das Training an der Stange und eine relativ strenge Bewegungsdisziplin. Allerdings wird der Unterricht nicht in allen Ballettschulen gleichermaßen streng durchgezogen. Außerdem bieten viele Tanzschulen unter der Bezeichnung »tänzerische Früherziehung« oder »Pré-Ballett« einen aufgelockerten

Tanzen entspricht der spontanen kindlichen Bewegungsfreude.

Unterricht für die Kleinsten an, um sie spielerisch auf den Ballettunterricht vorzubereiten. Es lohnt sich auf jeden Fall, sich vorab genauer über die Angebote der verschiedenen Einrichtungen zu informieren, um sicherzugehen, dass das Kind nicht vorzeitig den Spaß verliert.

Tanzunterricht fördert Motorik, Koordination, Aufmerksamkeit, Konzentration und das musikalische Empfinden.

Rhythmische Erziehung fördert ganzheitlich

■ Eine besondere Form von Bewegungsunterricht, die für Kinder ab etwa vier Jahren angeboten wird, ist die rhythmische Erziehung. Sie besteht vorwiegend aus Singen, Sprach- und Wahrnehmungsspielen sowie Bewegungs- und Tanzimprovisationen. Begleitend werden Musikinstrumente wie Klavier, Triangel, Trommel oder Orff-Instrumente eingesetzt, aber auch speziell entwickelte Geräte, die zu Spiel, Bewegung und kreativer Gestaltung anregen sollen: Schlaghölzchen, Reifen, Rasselbüchse oder Zauberschnur. Rhythmische Erziehung ist nicht nur für Vorschulkinder, sondern auch für Kinder mit Lernschwierigkeiten, ADS oder seelischen Problemen geeignet. <<<

Bunter Bändertanz

Genau das Richtige für einen beschwingten Kindergeburtstag: Jedes Kind bekommt einen kurzen Stock in die Hand, an dem ein etwa 50 Zentimeter langes, farbiges Kreppband befestigt ist. Dann wird Musik aufgelegt. Die Kinder tanzen und schwingen gleichzeitig ihre Stöcke, sodass die bunten Bänder tanzen.

Die Entwicklung der Fantasie, Kreativität und Musikalität

Alter	Das kann Ihr Kind bzw. wird es bis zum nächsten Geburtstag lernen
3 Jahre	• Findet zunehmend Gefallen an Rollenspielen. • Baut fantasievolle Landschaften und Konstruktionen aus Bausteinen und Spielelementen. • Malt Menschen und Tiere als Kopffüßler. • Modelliert gern mit Knetmasse. • Beteiligt sich mit Freude an Kreis- und Singspielen. • Hört und sieht interessiert zu, wenn jemand ein Instrument spielt.
4 Jahre	• Malt Bilder, die seiner Fantasie entspringen. • Baut Bildszenen systematisch vom oberen und unteren Seitenrand her auf. • Beschäftigt sich mit einfachen Bastelarbeiten. • Interessiert sich zunehmend für Märchen. • Versucht, den Rhythmus einer Melodie durch Klatschen aufzunehmen.
5 Jahre	• Erfindet mit Freunden eigene Spiele. • Kann immer detailliertere Bilder malen. • Kombiniert gern verschiedene Spielsysteme wie Holzeisenbahn und Stofftiere miteinander. • Verkleidet sich gern, um in andere Rollen zu schlüpfen. • Entdeckt das Theaterspiel und versucht sich an komplexeren Rollenspielen. • Hat Freude an Reimen und Liedern. • Versucht sich an Orff- und anderen Klanginstrumenten.
6 Jahre	• Erzählt gern selbst erfundene Geschichten. • Verleiht seinen Sachen eine eigene Note (bemalt oder verziert sie nach seinen Vorstellungen). • Kann ein einfaches Blasinstrument wie Blockflöte oder Melodika spielen.

Kleine Kinder – große Gefühle

Die emotionale Entwicklung

Mit den eigenen Gefühlen umgehen zu lernen – vor allem mit den negativen – ist für Kinder eine große Herausforderung.

In den ersten Lebensjahren lernt ein Kind eine große Bandbreite an Gefühlen kennen. Die Erfahrungen, die es mit sich und seiner Umwelt macht, lösen immer neue Emotionen in ihm aus, die im Lauf der Zeit sein Wesen prägen. So wird allmählich erkennbar, welche Gefühle typisch sind für ein Kind, mit welchen Emotionen es gut zurechtkommt und mit welchen es zu kämpfen hat. Das eine Kind verhält sich eher ängstlich und zurückhaltend, das andere keck und draufgängerisch. Doch alle Kinder brauchen Zeit, um mit ihrer eigenen Gefühlswelt vertraut zu werden.

Gefühle wahrnehmen und ausdrücken

Woher kommen Gefühle und wie entwickeln sie sich? Eine interessante Antwort auf diese Frage lieferte der amerikanische Psychologe Paul Ekman, der in mehr als 40-jähriger Forschungsarbeit die sogenannten Grundemotionen ausfindig machte: Fröhlichkeit, Wut, Ekel, Verachtung, Furcht, Traurigkeit und Überraschung. Er stellte fest, dass diese Gefühle in allen Kulturen der Welt ausgedrückt und erkannt werden. Daraus folgerte er, dass die damit verbundenen Gesichtsausdrücke nicht kulturell erlernt, sondern angeboren sind. Sie gehören gewissermaßen zur emotionalen Grundausstattung eines jeden Menschen, egal ob es sich um einen Europäer, einen Amazonasindianer oder einen australischen Aborigine handelt.

Viele weitere Gefühle kommen im Lauf der ersten Lebensjahre hinzu. So lernt ein Kind im Vorschulalter selbstbezogene und soziale Emotionen wie zum Beispiel Stolz, Scham, Schuldgefühle oder Neid kennen. Solche komplexen Emotionen können sich erst entwickeln, wenn gewisse kognitive Voraussetzungen dafür erfüllt sind: Um beispielsweise Scham oder Schuldgefühle zu empfinden, muss ein Kind erst einmal erkennen, dass es etwas falsch gemacht hat.

In der Kindergartenzeit erwirbt das Kind auch die emotionalen Schlüsselfertigkeiten, die sowohl für die Entwicklung der eigenen Persönlichkeit als auch im Zusammenleben mit anderen wichtig sind:

- Es wird sich seiner eigenen Gefühle bewusst und lernt, diese zunächst in Mimik und Gestik, später auch in Worten auszudrücken.
- Es lernt, zwischen verschiedenen Gefühlen zu unterscheiden, wobei es anfangs eigene und fremde Gefühle noch vermischt. Ab dem vierten Le-

Starke und selbstbewusste Kinder finden ihren Weg

bensjahr beginnt es dann, zwischen den eigenen Gefühlen und denen anderer Menschen zu differenzieren. Es lernt, bei anderen unterschiedliche Gefühlsausdrücke wahrzunehmen, und ist so immer besser in der Lage, sich in andere hineinzuversetzen.

- Nicht zuletzt lernt es, mit negativen Gefühlen wie Wut, Trauer oder Enttäuschung umzugehen.

Wie Sie die emotionale Kompetenz Ihres Kindes fördern können

■ Sie können Ihrem Kind helfen, seine eigenen Gefühle immer besser wahrzunehmen, indem Sie es in bestimmten Situationen gezielt danach fragen: »Wie fühlst du dich, nachdem der Thomas gesagt hat, dass er nicht mehr mit dir spielen will?« – »Was empfindest du, wenn ich dich ganz fest in den Arm nehme?« – »Wie ging es dir, als dich der Hund so laut angebellt hat?« Erklären Sie Ihrem Kind auch, dass manche Gefühle spürbare Körperreaktionen auslösen können: Wenn man zum Beispiel Angst hat oder aufgeregt ist, beginnt das Herz zu klopfen. Wenn man erschrickt, zuckt man zusammen und der Körper wird für einen Moment stocksteif.

Um Fragen nach seinen Gefühlen beantworten zu können, braucht Ihr Kind natürlich ein entsprechendes Begriffsvermögen. Sie sollten ihm deshalb immer wieder Begriffe anbieten, mit denen es seinen Wortschatz erweitern

Sorgen Sie immer wieder für Gelegenheiten, bei denen Ihr Kind über seine Gefühle sprechen kann.

kann. Versuchen Sie, für ein bestimmtes Gefühl möglichst differenzierte Beschreibungen zu finden – nicht nur allgemeine Begriffe wie »gut« oder »schlecht«, »angenehm« oder »unangenehm«. Wenn man sich über eine Sache sehr aufregt, kann man das zum Beispiel mit Begriffen wie »empört«, »entrüstet« oder »entsetzt« ausdrücken.

Von der Angst bis zum Zorn

Zur Bandbreite der Emotionen gehören selbstverständlich nicht nur positive, sondern auch negative Gefühle. Eines davon, das bei Kindern eine herausragende Rolle spielt, ist Angst.

Ängste sind ein wichtiger Teil der normalen kindlichen Entwicklung. Gestehen Sie Ihrem Kind seine Ängste zu – dann können Sie ihm besser helfen, sie zu bewältigen.

Angstgefühle können bei Kindergartenkindern verschiedene Gründe haben. Da ist zum einen die Angst vor Trennung oder Liebesverlust. Zwar überwinden die meisten Dreijährigen nach der Eingewöhnungszeit im Kindergarten schnell ihre Trennungsangst und können sich ohne Tränen von den Eltern verabschieden. Doch die vermeintliche Selbstsicherheit steht noch auf ziemlich wackeligen Beinen. Sobald das Kind geschimpft oder bestraft wird, interpretiert es das als Liebesverlust: »Die Mama (oder der Papa) hat mich nicht mehr lieb.«

Gefühlsbarometer

Kleinen Kindern fällt es oft schwer, Gefühle zu benennen, da ihnen noch der entsprechende Wortschatz fehlt. Hier kann ein Stimmungsbarometer helfen: Malen Sie auf einen langen Papierstreifen Gesichter oder Symbole, die Freude, Wut, Angst oder Traurigkeit ausdrücken, und hängen Sie es an die Kinderzimmertür. Das Kind kann dann mit einer Wäscheklammer seine aktuelle Stimmung markieren.

Gefühle spiegeln

Durch dieses Spiel lernt Ihr Kind, Stimmungen bei anderen besser wahrzunehmen: Setzen Sie sich Ihrem Kind gegenüber und versuchen Sie, durch Ihre Mimik und Gestik so deutlich wie möglich eine bestimmte Gemütslage auszudrücken: fröhlich, entspannt, nervös, gelangweilt u.s.w. Ihr Kind soll die dargestellten Gefühle benennen und versuchen, diese nachzumachen. Zur Kontrolle kann es einen Spiegel zu Hilfe nehmen.

Kinderängste können aber auch einen ganz anderen Hintergrund haben. Kleine Kinder haben eine sehr lebhafte Fantasie, die sich oft mit magischen Vorstellungen vermischt: Sie fürchten sich zum Beispiel vor Hexen, Zauberern, Gespenstern, Monstern und anderen Gruselgestalten, die nachts in ihr Zimmer eindringen könnten. Das Ergebnis ist dann in vielen Fällen ein allabendlicher Kampf vor dem Zubettgehen oder ein nächtlicher Umzug ins Elternbett. Diese sogenannte magische Phase dauert etwa bis zum fünften Lebensjahr an.

Ein weiterer Komplex negativer Gefühle sind Frustration, Wut und Aggressionen. Situationen wie diese kennen Eltern von Kindergartenkindern nur zu gut: Da wird der Dreijährige plötzlich zum Rumpelstilzchen, weil er partout nicht einsehen will, warum er das Süßigkeitenregal im Supermarkt links liegen lassen soll. Und die Vierjährige inszeniert einen Tobsuchtsanfall, weil die Mutter im Schwimmbad zum Aufbruch drängt, während sie der Ansicht ist, sie sei noch lange nicht auf ihre Kosten gekommen.

Auch wenn Wut und Aggressionen in unserer Gesellschaft schlecht angesehen sind – sie gehören zur kindlichen Entwicklung dazu. Mit einem Wutausbruch wehrt sich das Kind gegen eine aus seiner Sicht unannehmbare Situation und versucht mit geballter Energie, eine Veränderung herbeizuführen. Wut und Aggression haben insofern eine produktive Kraft. Eltern sollten sich darüber hinaus im Klaren sein, dass Wutausbrüche in den seltensten Fällen gegen sie persönlich gerichtet sind. Oft verleiht das Kind damit nur seiner Enttäuschung über sein eigenes Unvermögen Ausdruck: Die missglückte Bastelarbeit wird in die Ecke gefeuert, die klemmende Schublade mit den Fäusten bearbeitet. Ein kleines Kind erlebt jeden Tag viele Male, dass sich Dinge seinen Absichten widersetzen und sein Drang, Neues auszuprobieren, an Grenzen stößt. Kein Wunder, wenn sich seine Enttäuschung durch Wut und Tränen Luft macht.

Wutattacken können noch einen anderen Hintergrund haben. Kinder reagieren manchmal verstärkt aggressiv, wenn sie durch eine Situation überfordert sind. So kann zum Beispiel die Geburt eines Geschwisterchens oder der Umzug in einen anderen Ort ein solcher Auslöser sein. Wenn es auf den Schulstart zugeht, können auch Leistungsdruck, zu hohe Erwartungen der Eltern und Versagensängste dahinterstecken.

Die Angst hinter der Angst

Psychologen haben herausgefunden, dass die Gruselgestalten der magischen Phase eine Art Stellvertreterfunktion haben. Kinder versuchen auf diese Weise, ihren diffusen Ängsten, deren Herkunft und Grund sie nicht kennen, eine Gestalt zu geben. Das heißt, sie erfinden Fantasiefiguren, die sie für ihre Ängste verantwortlich machen können.

Die kindliche Wut richtet sich nicht persönlich gegen Sie. Denken Sie daran – und Sie können mit Gefühlsausbrüchen gelassener umgehen.

Gestehen Sie Ihrem Kind seine Gefühle zu

Negative Gefühle kennt jeder Mensch. Sie haben ihre Gründe und sind für den, der sie hegt, keine Einbildung, sondern handfeste Wirklichkeit. Nehmen Sie daher die Gefühle Ihres Kindes ernst und versuchen Sie nicht, sie ihm abzusprechen (»Das bildest du dir doch nur ein!«) oder gar zu verbieten (»Hör jetzt endlich auf, solchen Unsinn zu reden!«).

So lernt Ihr Kind, mit Ängsten umzugehen

Jedes Kind muss lernen, negative Emotionen zu bewältigen. Doch braucht es dazu immer wieder die Unterstützung seiner Eltern, die vor allem das nötige Verständnis für sein Verhalten aufbringen sollten.

Sie können Ihrem Kind zum Beispiel helfen, Trennungsängste zu bewältigen, indem Sie versuchen, sich in seine Gefühlswelt hineinzuversetzen. Das erfordert genaue Beobachtung und gutes Zuhören sowie die Bereitschaft, unliebsame Gefühle zu akzeptieren. Die folgende Szene aus dem Buch »Kinder brauchen emotionale Intelligenz« von John M. Gottman (1998, S. 276) zeigt, wie sich eine entsprechende Gelegenheit beispielsweise in einer Spielsituation ergeben kann:

Trennungsängste ziehen sich durch den gesamten Lebenslauf. Kleine Kinder brauchen viel Halt und Geborgenheit, um Sicherheit zu gewinnen.

Kind: *Der Bär ist allein, weil seine Eltern ihn nicht mehr wollen.*
Vater: *Sind seine Eltern gerade weggegangen?*
Kind: *Ja, sie sind weg.*
Vater: *Kommen sie wieder?*
Kind: *Nein. Nie mehr.*
Vater: *Warum sind sie denn fort?*
Kind: *Der Bär war böse.*
Vater: *Was hat er denn gemacht?*
Kind: *Er ist wütend auf Mama Bär gewesen.*
Vater: *Ich glaube, es ist schon in Ordnung, wenn man manchmal wütend wird. Sie wird bestimmt zurückkommen.*
Kind: *Ja. Da kommt sie schon.*
Vater *(nimmt einen anderen Bären und spricht mit der Stimme von Mama Bär): Ich hab' bloß den Müll hinuntergebracht. Jetzt bin ich wieder da.*
Kind: *Hallo, Mama.*
Vater: *Du warst wütend, aber das ist schon in Ordnung. Manchmal werde ich auch wütend.*
Kind: *Ich weiß schon.*

Diese Szene offenbart ein Verhalten, das für Kinder im Kindergartenalter typisch ist: Sie leben Gefühle, die sie innerlich stark beschäftigen, vorzugsweise im Spiel aus. Wer sein Kind dabei aufmerksam beobachtet, kann so eine Menge über seine Gefühle, seine Freuden und Nöte erfahren. Und er kann, wie der Vater in der Beispielszene, an geeigneter Stelle einhaken. Indem der Vater einfühlsam zuhört und mit kurzen Zwischenfragen das Kind zum Weitersprechen ermutigt, gibt er ihm Gelegenheit, seine Verlustangst zum Ausdruck zu bringen. (»Kommen sie wieder?« – »Nein, nie mehr.«) Und indem er erklärt, dass es in Ordnung sei, auch mal wütend zu werden, vermittelt er dem Kind die emotionale Sicherheit: Wir bleiben bei dir, auch wenn du wütend bist.

Kinder brauchen Halt und Geborgenheit, um ihre Ängste zu bewältigen

Was das zweite große Angstthema des Kindergartenalters – die Angst vor Gruselgestalten – betrifft, so gibt es verschiedene Möglichkeiten, dem Kind zu helfen:

- Nutzen Sie die Fantasie, der die Geister entsprungen sind, umgekehrt zur Gespensterabwehr. Schenken Sie Ihrem Kind ein großes, »starkes« Kuscheltier (beispielsweise einen Bären oder Löwen), der die Monster in die Flucht schlagen soll. Es kann auch ein Talisman oder ein bunt bemalter »Zauberstein« sein. Wichtig ist, dass Ihr Kind sich dadurch beschützt fühlt.
- Wenn Ihr Kind von einem Gespenstererlebnis berichtet, sagen Sie nicht: »Es gibt keine Gespenster.« Schlagen Sie stattdessen vor, gemeinsam auf Gespenstersuche zu gehen. Vielleicht wird Ihnen beim Suchen ja ein Wäschestück unterkommen, das Sie ihm mit der Feststellung zeigen: »Du hast recht, das sieht fast wie ein Gespenst aus. Aber guck mal, es ist nur dein Nachthemd.«

Wonniges Gruseln

Lassen Sie sich von Ihrem Kind mal eine Gruselgeschichte erzählen. Wenn Sie sich dabei ganz eng zusammenkuscheln, wird die Ängstlichkeit sicher schnell einem schaurig-schönen Wonnegefühl weichen.

In der magischen Phase nehmen unbestimmte Ängste Gestalt an: Sie werden zu Monstern, Ungeheuern und Gruselgestalten.

Wut und Trotzanfälle verweisen auf ein heftiges Gefühlschaos. Lassen Sie Ihr Kind damit nicht allein.

- Generell sollten Sie auf fantastische Erlebnisberichte Ihres Kindes eingehen, aber ohne die Existenz von Gruselgestalten zu bestätigen. Fordern Sie Ihr Kind auf, sein Erlebnis genau zu schildern. Das bietet Ihnen die Chance, etwas über die Hintergründe der wirklichen Angst zu erfahren.

So lernt Ihr Kind, mit Wut und Frustration umzugehen

■ Schon das Trotzalter Ihres Kindes hat Sie wahrscheinlich zur Genüge gelehrt: Es ist gar nicht so einfach, auf Wutausbrüche gelassen zu reagieren. Doch Sie können Ihrem Kind am besten helfen, wenn Sie seinem Gefühlschaos mit Ruhe begegnen und ihm festen Halt bieten. Das kann durchaus wörtlich zu verstehen sein: Vielleicht gehört Ihr Nachwuchs ja tatsächlich zu den Kindern, die sich bei einem Gefühlsausbruch leichter beruhigen, wenn man sie fest in die Arme nimmt. Wenn nicht, respektieren Sie sein Bedürfnis – doch lassen Sie es in seinem aufgewühlten Zustand nicht allein.

- Zeigen Sie Ihrem Kind, dass Sie seine Gefühle verstehen, indem Sie diese ansprechen und ihm Ihre Unterstützung anbieten: »Ich weiß, du bist

Im Alltag stoßen Kinder immer wieder an Grenzen – und sind frustriert

Weg mit der Wut

Schlagen Sie Ihrem Kind doch einmal vor, seine Wut hinauszuschreien. Gehen Sie mit ihm in den Garten, in den Wald oder an einen anderen Ort, an dem es keine Zuhörer gibt, und schreien Sie gemeinsam die Wut heraus.
Ist dies gerade nicht möglich, kann Ihr Kind auch im Kinderzimmer eine geeignete Wand mit Kissen bewerfen. Oder Sie lassen mit Hilfe einer Zeitungsballschlacht Dampf ab. Knüllen Sie gemeinsam aus Zeitungspapier viele kleine Bälle und los geht's.

stocksauer, weil du dein Polizeiauto nicht mehr finden kannst. Das kann ich verstehen. Wenn du willst, helfe ich dir suchen.«

- Wenn es dem kleinen Zornbündel gelingt, seine Gefühle selbst auszudrücken – umso besser. »Ich ärgere mich so schrecklich, dass ...« oder »Ich bin jetzt richtig wütend, weil ...«: Zu solchen Äußerungen sollten Sie Ihr Kind ermutigen, anstatt sie zu unterbinden.
- Oft hilft es dem Kind, wenn es seine Wut an einem Ersatzobjekt auslassen kann, etwa an einem Kopfkissen oder Boxsack. Es gibt noch andere tolerable Möglichkeiten, Dampf abzulassen: zum Beispiel, indem man einen »Rumpelstilzchen-Tanz« aufführt, einen Packen Altpapier zerreißt oder mit einem Kochlöffel auf eine Matratze schlägt.
- Zeigen Sie Ihrem Nachwuchs, wie Sie selbst mit Wut umgehen. Stehen Sie zu Ihren Gefühlen, indem Sie sie authentisch äußern – mit erhobener Stimme und zorniger Miene. Zwingen Sie sich nicht zu einem freundlichen, liebenswürdigen Ton, wenn das nicht Ihrer Gemütslage entspricht. So erlebt Ihr Kind, dass es in Ordnung ist, seine Wut auszudrücken, und dass sie dann bald wieder verraucht. Ihr Kind darf ruhig wissen, dass auch Eltern nur Menschen sind.

Der Humor entwickelt sich

Humor ist, wenn man gerne lacht. Diese Eigenschaft trifft in besonderem Maß auf Kinder zu. Die Fähigkeit, sich an lustigen Dingen zu erheitern, entwickelt sich schon im Babyalter und wächst mit den sprachlichen Fähigkeiten und dem Verständnis für Situationskomik.

Kinder lernen am Modell: Zeigen Sie Ihrem Kind auch Ihre eigene Wut und die Wege, wie Sie mit ihr umgehen.

Ein Dreijähriges kann über komische Situationen herzhaft lachen. Es amüsiert sich zum Beispiel köstlich, wenn es Dinge sieht, die nicht zusammenpassen wie zum Beispiel ein Pferd in Stiefeln oder ein Hund mit Zipfelmütze. Es gefällt ihm, wenn sich Erwachsene – absichtlich oder unabsichtlich – tollpatschig anstellen und es kann nur mit Mühe ein Kichern unterdrücken, wenn Mama oder Papa es beim Versteckspiel

Verkehrte Welt

Des Abends, wenn ich früh aufsteh,
des Morgens, wenn ich zu Bette geh,
da krähen die Hühner,
da gackert der Hahn,
da fängt das Pferd zu grunzen an.

Das bin ich!

Fertigen Sie für Ihr Kind eine »Ich-Collage« an, auf der möglichst viele seiner Entwicklungsphasen festgehalten sind: die ersten Gehversuche, der Lieblingsteddy, der beste Kindergartenfreund, das erste Fahrrad ... Hängen Sie die Collage im Kinderzimmer auf und fügen Sie immer mal wieder ein neues Bild hinzu. Das führt Ihrem Kind täglich vor Augen: »Das bin ich – und ich bin wertvoll.«

Humor wirkt entspannend und fördert ein positives Familienklima.

nicht finden. Es macht ihm Spaß, wenn man ihm den Clown vorspielt, Grimassen schneidet oder einfache Nonsens-Reime oder Wortspielereien aufsagt.

Sobald das Kind mit etwa vier Jahren über die entsprechende Sprachkompetenz verfügt, versteht es auch einfache Witze und beginnt, selbst Witze zu erzählen. Es bekommt ein immer besseres Verständnis für Wörter und Reime.

Keine Frage, Lachen tut der Seele gut. Wer viel scherzen und lachen kann, ist ausgeglichener und kann mit unerfreulichen Dingen leichter fertig werden. Lassen Sie deshalb in Ihrer Familie den Spaß nicht zu kurz kommen. Erfreuen Sie sich gegenseitig mit Witzen und heiteren Anekdoten oder lesen Sie aus lustigen Büchern vor, über die Sie gemeinsam lachen können. Es gibt auch nette Witzbücher für Kinder; damit können Sie in der Familienrunde täglich einen »Witz des Tages« präsentieren.

Selbstkonzept und Selbstwertgefühl

Der Begriff Selbstkonzept beschreibt das Wissen, das eine Person über sich selbst, ihre individuellen Eigenschaften und Eigenheiten hat: Wie verhalte ich mich im Umgang mit anderen Menschen? Welche Situationen wecken welche Gefühle und Reaktionen in mir? Welche Fähigkeiten habe ich und wo liegen meine persönlichen Grenzen?

Fügt man diesem Selbstbild eine Wertung bei – welche meiner Eigenschaften bewerte ich als positiv, welche als negativ? – so ist man beim Selbstwertgefühl angelangt. Ein gutes Selbstwertgefühl ist etwas Kostbares, das bei weitem nicht alle Menschen besitzen. Im Gegenteil, viele haben so allerlei an sich auszusetzen.

Wenn Sie Ihrem Kind helfen wollen, ein positives Selbstbild zu entwickeln, sollten Sie es so sehen, wie es ist – und nicht so, wie Sie es sich vielleicht wünschen. Nur dann kann es sich auch selbst realistisch einschätzen lernen und ein differenziertes Selbstbild entwickeln. Dabei kann es hilfreich sein, wenn Sie gelegentlich eine Liste anfertigen, auf der Sie die wichtigsten Persönlichkeitsmerkmale Ihres Kindes notieren: seine Stärken und Schwächen, seine Vorlieben und Abneigungen. Ihr Kind lernt, an sich selbst zu glauben, wenn es sich von Ihnen mit allen seinen Eigenschaften wahr- und angenommen fühlt.

Bestärken Sie Ihr Kind in dem Gefühl, wertvoll zu sein

- Helfen Sie Ihrem Kind, sich seiner besonderen Fähigkeiten bewusst zu werden, indem Sie es um Unterstützung bei Dingen bitten, die es besonders gut kann: »Du hast doch neulich die Servietten so schön gefaltet. Hilfst du mir bitte, den Kaffeetisch für unsere Gäste zu decken?«
- Lassen Sie Ihren Nachwuchs in bestimmten familiären Angelegenheiten mitentscheiden oder bitten Sie ihn um seinen Rat. Es ist für Ihr Kind eine wertvolle Erfahrung, dass auch seine Meinung zählt.
- Loben Sie Ihr Kind, wenn es eine Sache gut gemacht hat, und formulieren Sie das auch entsprechend: »Ich bin erstaunt, wie schnell du dieses schwierige Rätsel gelöst hast. Alle Achtung!« Das ist wesentlich besser als ein allgemeines Lob (»Du bist aber ein schlaues Kind!«).
- Wenn Ihrem Sprössling eine Sache missglückt ist, packen Sie Ihre Kritik in positive, motivierende Worte: »Ich glaube, du kannst das besser. Versuch es doch gleich noch einmal!« Generell sollten Sie Kritik möglichst in Ich-Sätzen äußern (»Ich finde es nicht gut, dass ...« – »Ich bin nicht so glücklich darüber, dass ...«) und nicht in Du-Sätzen (»Du bist mir vielleicht ein Tollpatsch!«). Du-Botschaften wirken oft kränkend und abwertend.
- Achten Sie darauf, dass Sie Ihr Kind niemals beschämen oder vor anderen lächerlich machen. Es ist selbst für Erwachsene schwer zu ertragen, wenn sie vor anderen ihr Gesicht verlieren, erst recht für ein Kind, das sich in einer solchen Situation klein und minderwertig fühlt.
- Schenken Sie Ihrem Kind Zuwendung, anstatt es mit materiellen Gütern zu überhäufen. Zeit und Aufmerksamkeit lassen sich durch keine materiellen Geschenke ersetzen. Wenn Ihr Kind etwas mit Ihnen unternehmen möchte, gehen Sie auf seine Bitte ein, soweit es Ihr Zeitplan erlaubt, und fragen Sie es gezielt nach seinen Wünschen: »Wir haben noch eine gute halbe Stunde Zeit bis zu meinem Zahnarzttermin. Was möchtest du denn gerne mit mir spielen?« Auch wenn sie nicht immer viel Zeit haben, Ihr Kind wird so Ihre Zuneigung spüren und Ihre Beziehung wird gestärkt. <<<

Wer viel Lob und Anerkennung bekommt, glaubt an seine Fähigkeiten und wird selbstbewusst.

Emotionale Entwicklung

Alter	Das kann Ihr Kind bzw. wird es bis zum nächsten Geburtstag lernen
3 Jahre	• Kann sich ohne Tränen von seinen Eltern verabschieden. • Bringt Gefühle wie Freude oder Traurigkeit deutlich zum Ausdruck. • Erfreut sich an lustigen Wortspielereien und Reimen. • Entwickelt ein Verständnis für Begriffe, die Gefühle benennen (Trauer, Wut, Angst). • Lässt sich nicht nur von seinen Eltern, sondern auch von anderen Personen trösten. • Beginnt erstmals Schuldgefühle zu entwickeln.
4 Jahre	• Kann sagen, wonach ihm der Sinn steht (was es gerne tun möchte). • Erfreut sich zunehmend an Witzen, Wortspielereien und Nonsens-Reimen. • Entwickelt eine Vorstellung von »Gut« und »Böse«.
5 Jahre	• Zeigt eine zunehmend ausgeglichene Grundstimmung. • Kann ein besonderes Anliegen über mehrere Tage hinweg verfolgen. • Sucht in manchen Situationen (etwa bei Kummer, Müdigkeit, Krankheit etc.) noch engen Körperkontakt. • Kann sich über unangenehme Ereignisse äußern. • Ist sich seiner persönlichen Vorlieben und Abneigungen immer deutlicher bewusst.
6 Jahre	• Ist in der Lage, über eigenes Fehlverhalten nachzudenken. • Kann eigene Stärken und Schwächen mit Worten benennen. • Kann eigene Gefühle mit Worten benennen. • Ist zunehmend in der Lage, sich in die Gefühle anderer hineinzuversetzen.

Vom Ich zum Wir

Ich-Kompetenzen und soziale Entwicklung

■ So vergeht die Zeit: Noch vor kurzem war Ihr Kind ein hilfloses Wesen, das ganz auf Ihre elterliche Zuwendung und Fürsorge angewiesen war. Nun entwickelt es sich langsam, aber sicher zu einem eigenständigen Menschen, der nicht nur an sich selbst immer wieder neue Eigenschaften und Fähigkeiten entdeckt, sondern auch vielfältige Beziehungen zu anderen Menschen aufnehmen kann.

Auf dem Weg zur Selbstständigkeit

■ Selbstständig zu sein bedeutet, ohne fremde Hilfe zurechtzukommen. Das trifft auf ein Kindergartenkind natürlich nur sehr bedingt zu. Dennoch hat es seit dem Baby- und Kleinkindalter in Sachen Selbstständigkeit schon eine Menge gelernt. Es kann eigenständig essen, wobei es mit drei Jahren noch ausschließlich Löffel oder Gabel benutzt und erst später den Umgang mit Messer und Gabel lernt. Es kann sich allein die Zähne putzen und die Haare kämmen. Auch der selbstständige Gang zur Toilette klappt mit der Zeit immer besser. Es lernt, sich ohne Hilfe an- und auszuziehen. Das Öffnen und etwas später das Schließen von Knöpfen und Reißverschlüssen gelingt ihm dabei meist schon mit drei bis vier Jahren, das Schuhebinden erst gegen Ende der Kindergartenzeit. Nicht zuletzt wählt das Kind seine Kleidung immer öfter allein aus und orientiert sich dabei nicht nur an seinen persönlichen Vorlieben, sondern auch an der aktuellen Wetterlage.

Lassen Sie Ihr Kind Dinge selbst entscheiden – so stärken Sie sein Selbstvertrauen.

So helfen Sie Ihrem Kind, selbstständig zu werden

■ Sie werden vermutlich feststellen: Je besser Ihr Kind ohne fremde Hilfe zurechtkommt, desto mehr Wert legt es auf seine wachsende Selbstständigkeit. Es will sich nicht mehr jeden Handgriff abnehmen lassen und ist stolz auf das, was es schon selber kann. Sie sollten es in dieser Eigeninitiative so gut es geht unterstützen – selbst wenn dabei mitunter Interessenskonflikte auftreten. Ein Beispiel: Sie wollen Ihr Kind morgens in den Kindergarten bringen und haben es eilig. Ihr Nachwuchs besteht jedoch darauf, sich Jacke und Schuhe selber anzuziehen. Was tun? Das Beste ist na-

Auch wenn es manchmal anstrengend ist: Nehmen Sie Ihrem Kind möglichst nichts ab, was es schon kann.

türlich, dem Kind seinen Willen zu lassen, auch wenn es etwas länger dauert. Ist das aus Zeitgründen nicht möglich, erklären Sie Ihrem Kind, dass Sie nur heute eine Ausnahme machen und dass es sich beim nächsten Mal wieder allein anziehen darf. Halten Sie sich an diese Vereinbarung und stimmen Sie künftig Ihren Zeitplan auf das Tempo Ihres Kindes ab.

Risiken abwägen

Manchmal ist es schwer zu entscheiden, wie man auf das Unabhängigkeitsstreben des Kindes reagieren soll: Ab wann soll man dem Nachwuchs erlauben, allein zum Einkaufen zu gehen? Ist der kleine Heimwerker wirklich in der Lage, selbstständig mit Säge, Hammer und Nägeln zu hantieren? Natürlich sollten Sie die Risiken sorgfältig abwägen – doch auch ein kleiner Vertrauensvorschuss darf nicht fehlen. Wie stolz wird Ihr Kind sein, wenn es zum ersten Mal von einer selbstständigen Einkaufsrunde zurückkehrt!

Auch der umgekehrte Fall kann vorkommen: Ihr Kind will einfach nicht lernen, was andere im selben Alter offenbar schon können – beispielsweise mit Messer und Gabel zu essen. Bleiben Sie gelassen und setzen Sie Ihren Nachwuchs nicht unter Druck. Sonst riskieren Sie nur einen Machtkampf, der Sie unnötig Kraft kostet. Vielleicht hat das Kind ja noch gewisse Schwierigkeiten, beide Hände koordiniert einzusetzen. Lassen Sie es fürs Erste an leichteren Versuchsobjekten üben. Eine Scheibe Fleischkäse zum Beispiel kann Ihr Kind sicher leichter zerkleinern als ein Schnitzel. Ansonsten üben Sie sich in Geduld: Ihr Kind wird den Umgang mit dem Besteck schon noch rechtzeitig lernen, wenn es von seiner motorischen Entwicklung her so weit ist.

Mit eigenen Bedürfnissen umgehen

Wie verhält sich ein Kind, wenn es hungrig, durstig oder müde ist, wenn es friert oder schwitzt, wenn es Stress oder Bewegungsdrang verspürt oder sich vernachlässigt fühlt? Das kommt – wie in allen anderen Dingen auch – auf das Alter und den Entwicklungsstand an. Drei- und vierjährige Kinder äußern ihre Bedürfnisse noch vorwiegend lautstark: mit Schreien, Weinen, Trotz und Aufbegehren. Von einem größeren Kind kann man dagegen erwarten, dass es seine Bedürfnisse zumindest für eine Weile zurückstellt – vorausgesetzt, es ist sich dieser Bedürfnisse überhaupt bewusst. Das mag merkwürdig klingen, aber es stimmt: Selbst größere Kinder können manchmal unausstehlich werden, wenn sie hungrig, durstig oder müde sind, ohne dass ihnen der Grund dafür klar ist.

Geduld übt sich nicht immer leicht

Ihr Kind muss erst lernen, mit seinen Bedürfnissen umzugehen. Der erste Schritt dazu: Helfen Sie ihm, seine Bedürfnisse wahrzunehmen. Wenn Sie beispielsweise bemerken, dass seine Stimmung unvermittelt umschlägt, for-

Schon die Kleinsten schließen Freundschaften – vorerst aber nur zum Spielen

mulieren Sie, welchen Grund Sie dahinter vermuten: »Hast du vielleicht Hunger?« – »Kann es sein, dass dir kalt ist?« Auf Zurechtweisungen wie diese sollten Sie dagegen besser verzichten: »Meine Güte, jetzt bist du schon vier Jahre alt und führst dich immer noch auf wie ein Baby!« Wenn Ihr Kind merkt, dass Sie auf seine Bedürfnisse achten, wird es ihnen auch selbst mehr Aufmerksamkeit schenken und lernen, sie zu erkennen und klar zu äußern. Mehr noch, es wird ihm mit der Zeit immer besser gelingen, sich in Geduld zu üben. Denn je sicherer es weiß, dass seine Bedürfnisse befriedigt werden, desto leichter fällt es ihm, sie für eine Weile zurückzustellen. Dann sollten Sie ihm aber auch eine Anerkennung zubilligen: »Jetzt hast du dir wirklich ein Eis verdient, weil du es im Wartezimmer so lange ausgehalten hast.«

Beim Spielen fürs Leben lernen

■ Spielen ist alles andere als ein unnützer Zeitvertreib. Vielmehr erfordert (und fördert!) Spielen eine ganze Reihe wichtiger Fähigkeiten: motorische Geschicklichkeit, kognitive Fähigkeiten (Auffassungsgabe, Konzentration, Merkfähigkeit) sowie soziale und emotionale Kompetenzen (Umgang mit den Spielpartnern, Bewältigung von Anspannung, Ärger, Enttäuschung). Das Spiel hat damit eine große Bedeutung für die ganzheitliche Entwicklung des Kindes. Anders ausgedrückt: Spielen ist im Prinzip dasselbe wie Lernen. Manche

Spielen und lernen gehören untrennbar zusammen.

Wissenschaftler sind deshalb der Ansicht, Kinder sollten sich täglich bis zu acht Stunden mit Spielen beschäftigen.

Für Drei- bis Sechsjährige haben dabei die folgenden Spielformen eine besondere Bedeutung:

Konstruktionsspiel: Das Kind setzt verschiedene Teile zu einem Bauwerk zusammen; es konstruiert zum Beispiel aus Legosteinen ein Haus.

Als-ob-Spiel: Hiervon gibt es zwei Varianten. Das ist zum einen das Symbolspiel, bei dem das Kind Gegenständen eine bestimmte Rolle oder Funktion zuweist. Es tut zum Beispiel so, als ob das Lineal ein Schwert oder der Kugelschreiber ein Taktstock wäre. Zum anderen ist es das Rollenspiel, bei dem sich das Kind selbst als Akteur in eine bestimmte Rolle versetzt. Es spielt zum Beispiel einen Doktor, der einen Patienten (Kuscheltier) behandelt. Oft sind in das Rollenspiel mehrere Spielpartner einbezogen, die beispielsweise in einem Abenteuerspiel als Schatzsucher, Piraten oder Inselbewohner agieren können.

Regelspiel: Das können Gesellschaftsspiele, Bewegungs- und Mannschaftsspiele sein. In jedem Fall liegen dem Spiel Regeln zugrunde, die von allen Beteiligten eingehalten werden müssen.

Stellen Sie Ihrem Kind ausreichend altersgerechtes Spielzeug zur Verfügung und schaffen Sie immer wieder Gelegenheiten zu neuen Erfahrungen.

Gewinner und Verlierer

Das Wettbewerbsdenken entwickelt sich bei Kindern mit ungefähr sechs Jahren. Dann dient das Spiel auch dazu zu zeigen: Wer ist der Schnellste, der Stärkste, der Schlauste, der Beste? Dieses Vergleichen und Kräftemessen führt zwar zwangsläufig immer wieder zu Enttäuschungen, kann aber auch zu erhöhter Leistung anspornen: Beim nächsten Mal strenge ich mich noch mehr an!

Die Spielfreude des Kindes wecken

■ Was können Sie als Eltern tun, um die Spielfähigkeit Ihres Kindes zu fördern? Achten Sie in jedem Fall auf eine sorgfältige Auswahl an Spielzeug. Das bedeutet keineswegs, dass nur die teuersten Sachen aus dem Kaufhaus infrage kommen. Statt mit Playmobil kann man beispielsweise auch mit Bauklötzen, Kartons, Stoffresten und Tüchern eine schöne Spiellandschaft gestalten. Achten Sie generell darauf, dass Ihr Kind beim Spielen mit möglichst vielen unterschiedlichen Materialien in Berührung kommt (Holz, Metall, Papier, Stoff, Plastik, Knetmasse etc.) – das regt seine Fantasie und Experimentierfreude an. Andererseits sollte das Kinderzimmer nicht mit Spielsachen vollgestopft sein. Wenn sich die Regale biegen und die Kisten stapeln, kann Ihr Kind leicht den Überblick und damit die Motivation zum Spielen verlieren.

Ganz allgemein gilt für das Spiel dasselbe wie für alle anderen Bereiche: Sie sollten Ihr Kind fördern, aber nicht überfordern. Muten Sie Ihm keine Spiele zu, die für sein Alter zu anspruchsvoll sind. Sie brauchen sich allerdings nicht den Kopf zu zerbrechen, welche Spielsachen für welche Entwicklungsphase wohl am besten geeignet sind. Ihr Kind wird sich von selbst die Beschäftigung suchen, für die es sich am meisten interessiert.

Verantwortung übernehmen

■ Für ein Kindergartenkind bedeutet es eine Herausforderung, erste Aufgaben in eigener Verantwortung zu übernehmen. In diesem Alter verhalten sich Kinder noch sehr impulsiv und sprunghaft. An die Bedürfnisse anderer zu denken, fällt ihnen schwer, weil in ihrem kindlich-egozentrischen Denken nun einmal die eigenen Bedürfnisse Vorrang haben. Das heißt, in ihrer Vorstellung dreht sich alles in erster Linie um sich selbst und ihre eigene Welt.

Trotzdem ist es möglich und sinnvoll, schon kleinere Kinder an verantwortliches Handeln heranzuführen. Das können zunächst Teilaufgaben sein: Das Kind kann zum Beispiel beim Tischdecken mithelfen. Oder es kontrolliert regelmäßig, ob in den Toiletten genug Toilettenpapier vorhanden ist. Es sollte auf jeden Fall eine Aufgabe sein, bei der kein großer Schaden entstehen kann, wenn das Kind sie mal vergisst. Ein Kind im Kindergartenalter schafft es meist noch nicht, eine Aufgabe wirklich zuverlässig zu übernehmen. Deshalb sollte man ihm keinesfalls die alleinige Verantwortung für ein Geschwisterkind oder für ein Haustier übertragen. Damit wäre es definitiv überfordert.

Kindergartenkinder können schon kleine Aufgaben im Haushalt übernehmen.

Anregen, aber nicht vorgeben

Manchmal neigen Eltern dazu, sich in das Spiel ihres Kindes unnötig einzumischen. Sie glauben, ihm zeigen zu müssen, wie man etwas »richtig« macht – beispielsweise ein Auto aus Legosteinen zusammenbaut. Besser, Sie halten sich zurück. Wenn Ihr Kind nicht weiterweiß, wird es sich schon Anregungen von Ihnen holen. Ansonsten lassen Sie es seine Fantasie ausleben, auch wenn Sie vielleicht feststellen, dass das Ergebnis ein ganz anderes ist, als Sie es sich vorgestellt hatten. Damit helfen Sie Ihrem Kind, seine eigene Kreativität zu entwickeln.

Auch in Sachen Eigenverantwortung kann man einem Vier- oder Fünfjährigen noch nicht allzu viel zumuten. Dass tägliches Zähneputzen nötig ist, damit die Zähne keine Löcher bekommen, sehen die meisten Kinder ein. Schwieriger wird es, wenn es zum Beispiel um Kleiderfragen geht. Da hat sich die kleine Prinzessin in den Kopf gesetzt, das nagelneue T-Shirt im Kindergarten

Das kannst du besser

Soweit es um altersgemäße (Teil-)Aufgaben geht, sollten Sie Ihren Nachwuchs kleine Nachlässigkeiten ruhig selbst ausbügeln lassen. Wenn Ihr Kind beim Tischdecken die Gläser oder Servietten vergessen hat, verzichten Sie darauf, ihm die versäumte Aufgabe abzunehmen. Und wenn nach dem Aufräumen immer noch Sachen im Zimmer herumliegen, sammeln Sie sie nicht selber ein. Ihr Kind lernt am besten, Verantwortung zu übernehmen, wenn es auch die Konsequenzen trägt.

Verantwortung fängt klein an und wächst mit.

vorzuführen, und nun besteht die Mutter auf einem Pullover, weil es draußen zu kalt ist. Ein Vorschulkind wird vermutlich mit erheblichem Widerstand reagieren. Ähnlich kompliziert kann es sein, ein krankes Kind davon zu überzeugen, dass es die bittere Medizin schlucken sollte, damit es wieder gesund wird. Auch hier fehlt manchmal eben noch die nötige Einsicht.

So fördern Sie das Verantwortungsbewusstsein Ihres Kindes

- Kinder lernen verantwortliches Handeln am besten, wenn sie spüren, dass die Eltern ihnen vertrauen. Verzichten Sie deshalb bei leichteren Aufgaben ruhig darauf, nachzukontrollieren, ob sie auch richtig ausgeführt wurden. Sagen Sie Ihrem Kind stattdessen: »Ich verlasse mich auf dich«.
- Bei anspruchsvolleren Aufgaben, etwa der Pflege eines Haustiers, übertragen Sie Ihrem Kind am besten eine Teilverantwortung. Bitten Sie es zum Beispiel, dem Kaninchen täglich ein paar Salatblätter zu bringen. Dann besteht keine Gefahr, dass das Tier Hunger leidet, wenn Ihr Nachwuchs seine Aufgabe mal vergisst. Vielleicht mag das Kind auch beim Ausmisten des Stalls mithelfen.
- Auch in Umweltangelegenheiten können Sie Ihrem Kind Achtsamkeit und Verantwortungsbewusstsein nahebringen. Erklären Sie ihm zum Beispiel, warum Sie zu Fuß oder mit dem Fahrrad zum Einkaufen gehen, anstatt das Auto zu nehmen. Zeigen Sie ihm, wie man Müll richtig trennt und welche Abfälle in welchen Container gehören. Und weisen Sie es beim Spaziergang durch die Natur darauf hin, dass man keinen Müll liegenlässt. Vielleicht ist Ihr Sechs-

jähriges ja sogar bereit, bei einer Aufräumaktion in Wald und Flur mitzumachen.

Regeln lernen

■ Regeln spielen in jedem Zusammenleben eine wichtige Rolle. Sie dienen dazu, Strukturen zu schaffen, die für alle Beteiligten gelten und an denen sich jeder orientieren kann. So weiß schon ein Vorschulkind aus Erfahrung: Bei uns zu Hause wird immer um ein Uhr zu Mittag gegessen, bei Oma und Opa um halb zwölf. Insofern sind Regeln mehr als reine Vorschriften, denn sie stillen das Bedürfnis nach Ordnung und Verlässlichkeit. Und sie schaffen ein Wir-Gefühl, das Geborgenheit, Halt und Sicherheit gibt.

Damit Regeln von allen Beteiligten – einschließlich Ihrem Kind – eingehalten werden, sollten einige Voraussetzungen erfüllt sein:

- Regeln sollten kurz und einfach formuliert werden, sodass auch Ihr Kind sie verstehen kann. Erklären Sie ihm den Hintergrund zu jeder Regel: »Bei uns läuft keiner mit Straßenschuhen durchs Haus. Sonst wird der Fußboden so schmutzig und muss ständig geputzt werden.«
- Es gibt keine Regeln, die ein für allemal Gültigkeit haben. Überdenken Sie Regeln immer wieder neu und passen Sie sie der augenblicklichen Familiensituation an.
- Erwarten Sie in Sachen Regeleinhaltung nicht zu viel von Ihrem Kind. Gerade kleinere Kinder neigen dazu, Alltagsregeln zu vergessen – oder auch mal aus Bequemlichkeit zu übergehen. Als Provokation sollten Sie kleine Regelverstöße jedoch nicht gleich auffassen; sie sind in den seltensten Fällen so gemeint.
- Umgekehrt sollten Sie zur Kenntnis nehmen, wenn Ihr Kind sich an vereinbarte Regeln hält und dies auch lobend erwähnen: »Ich freue mich, dass du die Schokolade weggeräumt und nicht mit ins Bett genommen hast. Wie schön, dass ich mich auf dich verlassen kann!«

Überprüfen Sie immer wieder, ob die Familienregeln noch zu Ihnen und Ihrem Kind passen.

Von der Regel zum Ritual

Im Familienalltag lässt sich manche Regel mit einem Ritual verbinden. Wie wäre es beispielsweise mit einem Ritual zur Essenszeit? Die Regel, sich vor dem Essen die Hände zu waschen, prägt sich doch viel leichter ein, wenn sich zu Beginn der Mahlzeit alle die (sauberen!) Hände reichen und gemeinsam den Reim sprechen: »Hände waschen nicht vergessen? Fein, dann lasst uns tüchtig essen: Guten Appetit!«

Rücksicht und gutes Benehmen üben

■ Wie viel Rücksicht und Höflichkeit anderen Menschen gegenüber kann man von einem Kindergartenkind erwarten? Diese Frage ist gar nicht so leicht zu beantworten. Denn Rücksicht und gutes Benehmen setzen ein entsprechendes Verständnis voraus. Ein Kind muss erst einmal begreifen, warum bestimmte Benimmregeln gelten; nur dann kann es diese Regeln ak-

Gutes Benehmen lernen Kinder am besten durch das Vorbild der Eltern.

zeptieren, verinnerlichen und befolgen. Gutes Benehmen hat viel mit Respekt zu tun. Dem Kind eine entsprechende innere Einstellung beizubringen, zählt zu den anspruchsvollsten Erziehungsaufgaben, die wir als Eltern haben.

Doch Kinder lernen nicht nur durch gutes Zureden und ein entsprechendes Vorbild, sondern auch durch Erfahrung: Wer sich gut zu benehmen weiß, hat es mit seinen Mitmenschen leichter. Ein Mensch, der sich höflich und freundlich verhält, erntet ebenso Höflichkeit und Freundlichkeit. Unhöfliches Benehmen dagegen erzeugt Ärger und stößt auf Ablehnung.

Der Knigge für Kindergartenkinder

- Hier ein kurzer Überblick über die wichtigsten Verhaltensregeln, die Sie Ihrem Kind im Kindergartenalter beibringen können:
  - Von einem drei- bis vierjährigen Kind kann man erwarten, dass es zumindest eine Formel der Begrüßung und der Verabschiedung kennt. Es ist völlig in Ordnung, wenn die Eltern dabei ein wenig nachhelfen und das Kind dezent daran erinnern, ein »Hallo« oder »Guten Morgen« von sich zu geben, vielleicht auch die Hand zu nehmen, die ihm hingehalten wird.
  - Ein fünf- bis sechsjähriges Kind sollte in der Lage sein, sich zu entschuldigen, wenn es jemanden beleidigt oder ihm wehgetan hat. Auch hier braucht es oft noch die Unterstützung der Eltern. Zeigt das Kind keine Bereitschaft, sich zu entschuldigen, können Sie das an seiner Stelle tun; damit ist nicht nur der Konflikt entschärft, sondern das Kind kann auch an Ihrem elterlichen Vorbild lernen.
  - In diesem Alter sollten Kinder noch andere höfliche Formulierungen in ihrem Repertoire haben. Sie sollten zum Beispiel wissen, wie man einen Wunsch angemessen äußert: »Oma, kann ich bitte ein Glas Apfelsaft haben?« Oder dass man sich für einen erwiesenen Gefallen auch bedankt: »Vielen Dank für das Eis, Papi!«
  - Auch gewisse Tischmanieren sollte man von Fünfjährigen bereits erwarten können. Ein Kind in diesem Alter sollte wissen, dass man bei Tisch nicht schmatzt und schlürft oder mit vollem Mund redet. Es sollte aber auch den Grund dafür kennen: »Es ist für andere eklig und unangenehm, wenn sie das mit ansehen müssen.«

Rücksichtsregeln für Fortgeschrittene

Es gibt Menschen, die besonders auf die Rücksicht anderer angewiesen sind – wie Babys, alte und kranke Menschen. Machen Sie Ihr Kind darauf aufmerksam und legen Sie ihm folgende Verhaltensregeln ans Herz:

- Wenn nebenan jemand schlafen will, sollte es sich leise verhalten.
- Mit Menschen, die Schmerzen haben, sollte es behutsam umgehen.
- Gehbehinderte Menschen sollte es nicht anrempeln oder ihnen vor die Füße laufen.
- Wenn jemand nicht mit ihm Schritt halten kann, sollte es sein Tempo drosseln.

Beziehungen aufbauen, Freundschaften knüpfen

Um den dritten Geburtstag herum, also etwa zur Zeit des Kindergarteneintritts, beginnen Kinder, erste Freundschaften zu schließen. Dabei handelt es sich anfangs meist um kurzfristige Beziehungen: Das Kind tut sich bei einer Beschäftigung mit einem Spielpartner zusammen. Ist das Spiel beendet, wendet es sich einem anderen Partner zu.

Irgendwann merkt das Kind, dass es mit einem bestimmten Kind besonders gut spielen kann. Das kann der Beginn einer festeren Freundschaft sein. Die Kinder finden sich nun häufiger zum Spiel zusammen und legen Wert darauf, sich auch außerhalb der Kindergartenzeiten zu treffen. Sie sammeln gemeinsame Erfahrungen und teilen gemeinsame Erlebnisse. Sie beginnen einander Geheimnisse anzuvertrauen, die niemand sonst erfahren darf. Und rasch merken sie: Gemeinsam ist man stärker und durchsetzungsfähiger.

Die Freundschaft mit dem gleichaltrigen Kind ist damit zu einer emotional wichtigen Beziehung geworden, für die das Kind auch zu gewissen Zugeständnissen bereit ist: Es lässt dem besten Freund oder der besten Freundin bei einem Spiel den Vortritt, teilt seine Süßigkeiten mit ihm, stellt auch mal eigene Wünsche hintenan.

Mädchenfreundschaft, Jungenfreundschaft

Bei der Entstehung von Freundschaften im Kindergartenalter spielt gewöhnlich auch das Geschlecht eine Rolle.
Ab etwa vier Jahren bevorzugen die meisten Kinder gleichgeschlechtliche Freunde. Jungen teilen miteinander das Interesse für Autos und Technik, Konstruktions- und Tobespiele, Mädchen ziehen sich lieber in die Puppen-, Mal- oder Bastelecke zurück. Daran haben auch zahlreiche Versuche, die Erziehung von Jungen und Mädchen einander anzugleichen, bisher kaum etwas geändert.

Freunde machen Kinder stark.

Allerdings sind die wenigsten Freundschaften, die im Kindergartenalter geschlossen wurden, auf Dauer angelegt. Manchmal genügt schon ein Streit, um eine Freundschaft zu beenden. Erst recht kann eine räumliche Trennung – der Freund oder die Freundin zieht an einen anderen Ort, tritt nach dem Kindergarten in eine andere Schule ein – das Aus der Kindergarten-

Mit der besten Freundin an der Seite geht man durch dick und dünn

freundschaft bedeuten. Dennoch ist die Bedeutung von Kinderfreundschaften nicht zu unterschätzen. Sie sind für die soziale und emotionale Entwicklung des Kindes überaus wichtig.

So helfen Sie Ihrem Kind, Freunde zu finden

Unterstützen Sie Ihr Kind beim Knüpfen von Freundschaften.

■ Nicht jedem Kind fällt es leicht, sich auf Gleichaltrige einzulassen und Beziehungen zu knüpfen. Vor allem schüchterne Kinder brauchen dazu manchmal die Hilfe ihrer Eltern:

- Tun Sie den ersten Schritt und laden Sie ein Kind zu sich nach Hause ein, mit dem Ihr Kind gern spielen möchte. Das kann eine Kindergarten- oder Spielplatzbekanntschaft sein, aber auch ein Kind aus der Nachbarschaft oder dem Verwandtenkreis.
- Regen Sie Spiele und Aktivitäten an, die Ihr Kind besonders mag und die es gut beherrscht. Das hilft ihm, Sicherheit zu gewinnen.
- Überlassen Sie die Kinder nicht einfach sich selbst, sondern bleiben Sie anfangs dabei, bis die erste Befangenheit überwunden ist. Nachdem das Spiel ins Rollen gekommen ist, können Sie getrost außer Sichtweite gehen, sollten aber für die Kinder erreichbar und ansprechbar bleiben.
- Manchmal kann es auch gut sein, wenn Sie sich – zumindest anfangs – am Spiel der Kinder beteiligen. So

können Sie sichergehen, dass jedes Kind zum Zug kommt und keines vorzeitig die Lust am Spiel verliert.

- Achten Sie jedoch darauf, dass Ihre Hilfestellung nicht in Kontrolle und Zwang ausartet. Wenn Ihr Kind spürt, dass Sie mit seinem Verhalten unzufrieden sind, weil es sich Ihrer Ansicht nach nicht »richtig« mit seinem Spielpartner beschäftigt, verunsichern Sie es nur oder fordern seinen Widerstand heraus. Eine Kinderfreundschaft lässt sich nicht erzwingen – doch mit Gespür und Einfühlungsvermögen können Sie günstige Voraussetzungen dafür schaffen.

Zwei Künstler – ein Werk

Bei diesem Spiel müssen die Spielpartner gut aufeinander eingehen können: Zwei Kinder setzen sich nebeneinander an einen Tisch und nehmen gemeinsam einen Stift in die Hand. Damit versuchen sie, zusammen ein Bild zu malen. Das ist gar nicht so einfach, denn die Zeichner müssen sich immer wieder einig werden, wer von beiden gerade die Führung übernimmt beziehungsweise sich dem anderen anpasst. Nur so wird das Ergebnis ein echtes Gemeinschaftswerk.

Von Schimpfwörtern und Streitereien

■ Eltern machen allerdings auch die Erfahrung, dass sich ihr Kind vom Verhalten seiner Spielgefährten nicht immer nur die besten Seiten abguckt. So kommt es, dass der Dreijährige plötzlich Schimpfwörter wie »blöde Kuh« oder »Penner« aus dem Kindergarten mit nach Hause bringt. Dabei muss dem Kind die Bedeutung der Schimpfwörter keineswegs klar sein. Es ahnt jedoch, dass es mit solchen Ausdrücken eine besondere Wirkung erzielen kann, und will wissen, was es damit auf sich hat. Schimpfwörter eröffnen dem Kind eine neue Möglichkeit, sich abzugrenzen und seine Umwelt auszutesten. Je mehr sich seine sprachlichen Fähigkeiten erweitern, desto besser ist es in der Lage, seinem Unmut mit Worten Ausdruck zu verleihen. Es benutzt Schimpfwörter, um deutlich zu machen: Mir passt etwas nicht! So gesehen ist die Phase der Kraftausdrücke eine Übergangszeit in der Entwicklung – bis das Kind (mit der Hilfe und durch das Vorbild seiner Eltern) gelernt hat, sich mit sachlichen Worten zu wehren.

Schenken Sie Schimpfwörtern möglichst wenig Beachtung.

Ähnlich verhält es sich, wenn Konflikte in Handgreiflichkeiten ausarten. So gut wie alle Eltern haben schon erlebt, wie heftig sich Dreijährige in Streitereien verwickeln können, wenn es um ihre Spielsachen geht. Da hat der Knirps im Sandkasten gerade seinen heißgeliebten Bagger mit Sand beladen, schon schnappt ihm sein Kumpel das Spielzeug vor der Nase weg. Es folgt ein lautstarkes Zerren und Hauen, bis sich schließlich der Stärkere durchsetzt und der Verlierer heulend zu seiner Mama läuft.

Solche Aggressionen haben eine ähnliche Funktion wie Schimpfwörter, nämlich die eigenen Interessen gegenüber anderen durchzusetzen. Außerdem dienen sie dazu, den Körper und die eigenen Kräfte zu erproben.

Das trifft besonders auf Jungen zu, die mehr Muskelmasse besitzen als Mädchen. Dennoch führt kein Weg daran vorbei, dass das Kind lernt, seine eigenen Interessen auch einmal zurückzustellen, sich in die Gefühle anderer hineinzuversetzen und seine Aggressionen zu zügeln. Auch hierzu braucht es das Vorbild und die Unterstützung seiner Eltern.

Bleiben Sie bei Konflikten unter Kindern möglichst gelassen und versuchen Sie, nicht sofort einzugreifen.

Wie sich Konflikte auffangen lassen

■ Wenn Ihr Kind andere angreift – ob mit Worten oder Taten – versuchen Sie, möglichst gelassen zu bleiben. Es ist weder ratsam, ein solches Vorgehen zu ignorieren noch ein großes Aufhebens darum zu machen; zu viel Aufmerksamkeit würde das Verhalten ohnehin nur verstärken. Je mehr Sie sich zum Beispiel über ein Schimpfwort aufregen, desto interessanter wird es für Ihr Kind. Weisen Sie Ihren Nachwuchs jedoch ruhig darauf hin, dass Sie sein Verhalten nicht in Ordnung finden, zum Beispiel so: »Ich finde es nicht schön, dass du deine Freundin eine dumme Ziege nennst. Stell dir vor, sie würde das zu dir sagen – da wärst du doch sicher traurig!«

Gebraucht Ihr Kind wirklich schlimme, vulgäre Schimpfwörter, machen Sie ihm klar, dass Sie sein Verhalten nicht dulden, und erklären Sie ihm auch, warum: »Dieses Wort darfst du auf keinen Fall verwenden. Es ist eine schlimme Beleidigung. Damit kannst du jemandem sehr weh tun!«

Und was tun, wenn Ihr Kind einen Kraftausdruck gegen Sie richtet, zum Beispiel, weil es bei einer Auseinandersetzung unbedingt seinen Kopf durchsetzen will? Machen Sie ihm in kurzen Worten klar: »In unserem Haus reden wir nicht so miteinander. Wenn du etwas erreichen willst, musst du es ohne Schimpfwörter probieren.« Das setzt

Worten Nachdruck verleihen

Gerade wenn Ihnen ein Anliegen wichtig ist, machen Eltern leider oft die Erfahrung, dass ihr Kind nicht auf sie hören will. Dabei gibt es ein einfaches Mittel, um Worten den nötigen Nachdruck zu verleihen: das Kind anschauen und anfassen. Gehen Sie auf Augenhöhe mit Ihrem Kind, nehmen Sie Blickkontakt mit ihm auf und fassen Sie es bei den Händen oder an den Schultern. Damit signalisieren Sie ihm: »Ich befasse mich jetzt nur mit dir, mit nichts und niemandem sonst.« So kommen Ihre Worte besser an.

Schimpfen nach Herzenslust

Jeder Mensch hat zuweilen das Bedürfnis, seinem Ärger lautstark Luft zu machen. Das können Sie sich und Ihrem Kind ruhig zugestehen. Versuchen Sie doch mal, eine geladene Atmosphäre mit einem kreativen Schimpfwettbewerb aufzulösen: Wer erfindet die lustigsten Schimpfwörter? Wenn Ausdrücke wie »krummgebogene Schlappnudel« oder »schwammige Stinkmorchel« durchs Zimmer schwirren, wird sich der Ärger schnell in Heiterkeit auflösen.

natürlich Ihr positives Vorbild voraus. Gewiss kann selbst den besten Eltern mal das eine oder andere Schimpfwort herausrutschen. Dennoch sollten Kraftausdrücke nicht zu Ihrem täglichen Sprachgebrauch gehören. Sonst wird Ihr Kind kaum einsehen, warum es solche Ausdrücke nicht benutzen darf.

Bei handfesten Auseinandersetzungen ist es für Kinder noch schwieriger, sich angemessen zu verhalten, als bei verbalen Streitigkeiten. Doch jedes Kind muss lernen, Streitigkeiten auf friedliche Weise zu lösen. Zeigen Sie Ihrem Nachwuchs wie er sich verhalten kann.

Bleiben wir bei dem Spielplatzbeispiel. Angenommen, es ist Ihr Sprössling, der seinem Freund den Bagger entwendet hat. Verzichten Sie in diesem Fall bitte auf Schimpfen oder Strafandrohungen. Geben Sie das Spielzeug stattdessen an seinen Besitzer zurück und erklären Sie Ihrem Kind, dass es seinen Freund immer erst bitten sollte, wenn es etwas von ihm haben will. Vermutlich ist der Konflikt damit noch nicht gelöst, denn der Junge wird sein Lieblingsspielzeug nun erst recht nicht mehr herausrücken wollen. Und Ihr Kind wird seinerseits kaum geneigt sein, sich mit einem Nein einfach abzufinden. In diesem Fall können Sie ihm vorschlagen, erst einmal abzuwarten und seine Bitte nach einer Weile zu wiederholen. Möglicherweise wird auch dieser Versuch fehlschlagen. Verzweifeln Sie dennoch nicht. Sie sollten Sie sich darüber im Klaren sein, dass Sie von Dreijährigen in Sachen Sozialverhalten noch nicht zu viel erwarten dürfen. Stellen Sie sich vielmehr auf einen langen und schwierigen Lernprozess ein. In der Kindergartenzeit wird es immer wieder Situationen geben, in denen Sie helfend eingreifen müssen, weil Ihr Kind mit einem anderen in Streit geraten ist. <<<

Abgeben, teilen, sich vertragen – auch das müssen Kindergartenkinder erst lernen.

Wenn Geschwister streiten

Unter Geschwistern kommen Streitigkeiten besonders häufig vor. Nicht immer ist es sinnvoll einzugreifen, doch manchmal kommen Eltern einfach nicht umhin, das zu tun. In diesem Fall sollten Sie sich hüten, für eines der Kinder Partei zu ergreifen. Statt als Fürsprecher einer Seite aufzutreten, lassen Sie stets beide Seiten zu Wort kommen. Fragen Sie jeden der Beteiligten, was vorgefallen ist, und versuchen Sie, durch Fragen eine Lösung anzusteuern: Was wollt ihr jetzt tun? – Meint ihr, dass das funktioniert? – Gibt es vielleicht noch eine andere Möglichkeit ...?« Am besten ist es, eine Kompromisslösung anzustreben, bei der jede Seite der anderen ein kleines Stück entgegenkommt – und damit auch einen kleinen Sieg davonträgt.

Ich-Kompetenzen und soziale Entwicklung

Alter	Das kann Ihr Kind bzw. wird es bis zum nächsten Geburtstag lernen
3 Jahre	• Weiß, welche Dinge ihm gehören, und verteidigt seinen Besitz. • Beschäftigt sich zunehmend allein, weil es nun immer mehr Dinge selber machen kann. • Kennt sein Geschlecht.
4 Jahre	• Kann sich bedanken und man kann erwarten, dass es mindestens eine Formel der Begrüßung und der Verabschiedung kennt. • Spielt gern Rollenspiele. • Versteht, dass andere Menschen ihre eigenen Gefühle und Gedanken haben. • Wehrt sich, wenn es sich angegriffen oder ungerecht behandelt fühlt, und kann dies auch mit Worten ausdrücken. • Ist in der Lage, sich in eine überschaubare Gruppe einzufügen. • Versucht, andere zu trösten. • Kann mit anderen kooperieren und ist zunehmend bereit, Sachen zu verschenken. • Schließt erste Freundschaften.
5 Jahre	• Versteht, dass bei einem Konflikt nicht nur andere schuld sind. • Lernt, sich zu entschuldigen, wenn es etwas falsch gemacht hat. • Kann sich immer besser in die Gefühle und Stimmungen anderer hineinversetzen. • Zieht Vergleiche zwischen sich selbst und anderen. • Diskutiert, um seine Wünsche durchzusetzen.
6 Jahre	• Übernimmt zuverlässig kleine Aufgaben im Haushalt. • Organisiert eigenständig Gruppenspiele. • Versucht, entstandene Konflikte zu lösen. • Identifiziert sich mit dem eigenen Geschlecht und übernimmt geschlechtstypische Verhaltensweisen.

Eine entspannte Stifthaltung erhöht die Ausdauer beim Schreiben

Fit für die Schule

Die Förderung der Schulfähigkeit

Mit etwa sechs Jahren heißt es für die meisten Kinder Abschied nehmen vom Kindergarten; der Schuleintritt steht bevor. Vielleicht wartet Ihr Kind schon, wie viele andere, neugierig und voller Spannung auf den großen Tag, vielleicht ist ihm eher ein wenig mulmig zumute. Auch Sie als Eltern hegen möglicherweise gemischte Gefühle und fragen sich bange, ob Ihr Kind mit den schulischen Anforderungen zurechtkommen wird.

In diesem Kapitel erfahren Sie, wie Sie sich und Ihr Kind am besten auf den neuen Lebensabschnitt und das Lernen in der Schule vorbereiten können.

Wenn es um die Frage der Schulfähigkeit geht, sollten Eltern, Erzieherinnen und die Schule kooperieren.

Ist mein Kind schulfähig?

Bei dieser wichtigen Frage werden Sie wahrscheinlich, wie viele andere Eltern auch, keinen Fehler machen wollen. Jedenfalls ist es gut zu wissen, anhand welcher Kriterien Sie die

Schulfähigkeit Ihres Kindes am besten einschätzen können. Zunächst einmal spielen die Grob- und Feinmotorik sowie die körperliche Konstitution des Kindes eine Rolle. Ihr Kind braucht Kraft und Ausdauer für den Schulalltag, schon allein um die schwere Schultasche tragen zu können. Seine Grobmotorik sollte so weit entwickelt sein, dass es seine Bewegungen angemessen koordinieren und beispielsweise einen Ball fangen kann. Sein Gleichgewichtssinn sollte gut entwickelt sein, sodass es zum Beispiel ohne Mühe auf einem Bein stehen kann. Radfahren sollte es ebenfalls können, auch wenn es den Schulweg vorerst noch nicht mit dem Fahrrad zurücklegen sollte; als ABC-Schütze ist es mit dem Straßenverkehr noch überfordert. Eine gute Körperbeherrschung ist auf jeden Fall wichtig für den Schulstart. Sie schützt das Kind vor Unfällen und gibt ihm Selbstvertrauen. Ähnliches gilt für die Feinmotorik, bei der es vor allem auf eine gute Handgeschicklichkeit ankommt: Ihr Kind sollte mit einer Kinderschere sicher umgehen können. Es sollte einen Stift richtig in der Hand halten und seinen Krafteinsatz genau dosieren können. Das gibt ihm Sicherheit und erhöht seine Ausdauer beim Schreiben, Malen und Werken. Handgeschicklichkeit ist aber auch im Umgang mit den Schulsachen wichtig, beispielsweise um Hefte und Bücher ordentlich in den Schulranzen einzusortieren. Nicht zuletzt wird in der Schule erwartet, dass sich Ihr Kind selbstständig an- und ausziehen und allein zur Toilette gehen kann.

Die Schulfähigkeit ergibt sich aus dem Zusammenspiel verschiedener Kompetenzen und Fertigkeiten.

Verkrampfte Finger?

Schon vom ersten Schultag an wird Ihr Kind eine Menge Malaufgaben, später auch Schreibaufgaben zu erledigen haben. Falls Sie bemerken, dass ihm die Stifthaltung noch Mühe macht und es sich beim Malen leicht verkrampft, lassen Sie es folgende Übung machen:
Es soll seine Arme durchstrecken, die Finger spreizen und sie kräftig von oben auf eine Tischplatte drücken. Danach soll es seine Hände etwa zehn Sekunden lang ordentlich ausschütteln. Wenn nötig, kann es die Übung einige Male wiederholen. So lockern sich die verkrampften Muskeln und das Kind bekommt ein besseres Fingergefühl.

Auf die kognitiven Fähigkeiten kommt es bei der Einschulung nicht weniger an. Oft wird ihre Bedeutung im Vergleich zu den übrigen Kriterien sogar am höchsten bewertet. Ob zurecht oder nicht, Ihr Kind braucht gewisse Voraussetzungen, um in der Schule geistig aufnahmefähig zu sein. Es muss gut aufpassen und sich konzentrieren, damit es neuen Stoff aufnehmen und im Kopf behalten kann. Es muss lernen, aus einer Fülle von visuellen und auditiven Eindrücken das Wesentliche herauszufiltern, ohne sich allzu sehr von Umgebungsreizen ablenken zu lassen. Logisches Denkvermögen ist ebenfalls gefragt. Ihr Kind sollte dazu fähig sein, aus einer Situation folgerichtige Schlüsse zu ziehen: Wenn man bei Minusgraden einen Wasserbehälter ins Freie stellt, gefriert das Wasser zu Eis. Wenn man das Eis ins Warme holt, schmilzt es. Das setzt ein entsprechendes Sachwissen voraus, das sich das Kind durch Experimentieren, Beobachten und Fragen angeeignet hat. Auch ein gewisses Verständnis für Zahlen und Mengen sollte Ihr Kind beim Schuleintritt mitbringen. Es sollte zum Beispiel mindestens bis zehn zählen können oder verstehen, warum ein ganzer Eimer voll Wasser in einem Planschbecken nicht mehr als eine Pfütze ausmacht.

Ein Auftrag für dich

Eine gute Merkfähigkeit lässt sich ganz nebenbei im Alltag üben. Erteilen Sie Ihrem Kind hin und wieder einen Arbeitsauftrag, den es lückenlos und in der richtigen Reihenfolge ausführen soll: »Bitte decke den Tisch für vier Personen. Dazu holst du die weiße Tischdecke aus dem Schrank und legst sie auf den Tisch. Dann stellst du an jeden Platz einen Teller und ein Glas und legst Messer, Gabel, Löffel und eine Serviette dazu.«

Rat doch mal!

Ihr Kind liebt Rätsel? Dann lassen Sie es doch mal Begriffe erraten. Damit übt es seine sprachlichen Fähigkeiten und seine Aufmerksamkeit.

- Es läuft und läuft in einem fort und kommt doch keinen Schritt vom Ort.
  (Uhr)
- Sag, wie heißt der schwarze Mann, der ohne dich nicht laufen kann?
  (Schatten)
- Was hängt an der Wand und gibt jedem die Hand?
  (Handtuch)
- Vom Himmel fällt's, tut sich nicht weh, ist weiß und kalt, das ist der ...
  (Schnee)
- Was ist das für ein Häuschen, noch kleiner als ein Mäuschen, da drinnen wohnt ein Tier, das zeigt zwei Hörner dir.
  (Schneckenhaus)

Was die sprachlichen Fähigkeiten anbelangt, so sollte Ihr Kind als Schulanfänger in der Lage sein, alle Grammatikregeln korrekt anzuwenden und sich in vollständigen Sätzen auszudrücken. Es sollte alle Laute beherrschen und fremde Begriffe richtig nachsprechen können. Eine wichtige Fähigkeit ist außerdem die sogenannte phonologische Bewusstheit: Ihr Kind weiß inzwischen, dass sich Wörter aus Silben zusammensetzen und dass jeder Buchstabe für einen bestimmten Laut steht. Das ist eine entscheidende Voraussetzung fürs Lesen- und Schreibenlernen.

Verglichen mit den kognitiven Fähigkeiten werden kreative Fähigkeiten im

Eine gute Merkfähigkeit ist wichtig für das schulische Lernen – und lässt sich immer und überall spielerisch trainieren.

Hinblick auf einen erfolgreichen Schulstart oft als weniger wichtig angesehen. Denn im Unterricht sind die Themen und Aufgabenstellungen gewöhnlich vorgegeben, sogar in Fächern wie Kunst und Werken. Allerdings können kreative Denkansätze hilfreich sein, wenn es darum geht, ungewöhnliche Lösungswege zu finden. Wertschätzen Sie daher auch die Fantasie und die Kreativität Ihres Kindes. Sie tragen nicht zuletzt dazu bei, seine Persönlichkeit und sein Selbstwertgefühl zu stärken.

Emotionale Stabilität und soziale Kompetenzen wiederum gelten als sehr wichtige Eigenschaften eines Schulkinds. Ihr Kind sollte Trennungsängste nun weitgehend selbst regulieren können. Vor allem in den ersten Schultagen und -wochen wird es vielen unbekannten Menschen und Situationen begegnen. Es muss sich in die Klassengemeinschaft einfügen, sich auf die Lehrer und den Unterricht einstellen und mit ungewohnten Leistungsanforderungen zurechtkommen. Es muss Verantwortung für Aufgaben übernehmen, Regeln einhalten und seine persönlichen Bedürfnisse zurückstellen. Andererseits soll es in der Lage sein, eigene Initiative zu ergreifen und sich in der Gruppe zu behaupten. Diese Fähigkeiten sind gewiss nicht leicht unter einen Hut zu bekommen. Doch sie erleichtern dem Kind nicht nur das schulische Weiterkommen, sondern helfen ihm auch, seinen festen Platz in der Klassengemeinschaft zu finden. Dadurch gewinnt es Sicherheit und Selbstvertrauen, sodass ihm gelegentliche »Hänger« und Misserfolge nicht so leicht etwas anhaben können.

Die soziale und emotionale Reife sind sehr entscheidend dafür, ob ein Kind sich in der Schule wohlfühlt.

Sätze, die Mut machen

Mit Ich-Sätzen wie diesen können Sie Ihrem Kind Zuversicht und Selbstvertrauen mit auf den (Schul-)Weg geben:
- »Ich vertraue auf deine Fähigkeiten.«
- »Ich bin sicher, du wirst das schaffen.«
- »Ich bin unglaublich stolz auf dich.«
- »Ich habe dich so lieb.«

Sie sehen, der Schulstart stellt viele unterschiedliche Anforderungen an Ihr Kind. Einen Überblick über die Kompetenzen, die von ihm im Wesentlichen erwartet werden, finden Sie in der Tabelle am Ende des Kapitels. Betrachten Sie die Übersicht jedoch weniger als Checkliste, sondern als Orientierung. Sie soll Ihnen helfen, herauszufinden, in welchen Bereichen Ihr Kind möglicherweise noch gezielte Unterstützung braucht. Sollten Sie grundsätzlich Zweifel an der Schulfähigkeit Ihres Kindes haben, fragen Sie am besten den Kinderarzt, sprechen Sie mit den Erzieherinnen Ihres Kindes oder suchen Sie eine Erziehungsberatungsstelle auf.

Gute Voraussetzungen für den Schulstart

Sie können als Eltern vieles beitragen, damit Ihr Nachwuchs seinen Schulstart gut bewältigt. Hier einige Anregungen für den Alltag:

Stillsitzen lernen: Das fällt gerade Schulanfängern häufig schwer. Üben können Sie das Stillsitzen, indem Sie Ihrem Kind eine Beschäftigung geben, für die es Ruhe und Konzentration braucht, zum Beispiel Puzzeln, Bilderrätsel lösen oder Perlen auffädeln.

Fingerfertigkeit trainieren: Lassen Sie Ihr Kind zwischendurch verschiedene Stifte ausprobieren – von dicken Wachsmalstiften bis hin zu feinen Bleistiftminen. So lernt es, seine Kraftdosierung genau den jeweiligen Erfordernissen anzupassen.

Ausdauer üben: Wenn Ihr Kind Mühe hat, Aufgaben zu Ende zu bringen, helfen Sie ihm, sein Durchhaltevermögen zu trainieren. Übertragen Sie ihm zunächst kleinere Aufgaben, die wenig Zeit und Mühe erfordern, und steigern Sie dann allmählich die Anforderungen.

Gefühle ausdrücken: Damit tun sich selbst Erwachsene oft schwer, weil sie es nicht gewohnt sind. Sprechen Sie mit Ihrem Kind über Ihre Gefühle und Stimmungen: »Ich freu mich so auf unseren Ausflug am Sonntag!« Oder: »Es ärgert mich fürchterlich, dass mir der Kuchen verbrannt ist.« Das hilft Ihrem Kind, seine eigenen Gefühle besser wahrzunehmen.

Geduld lernen: Schulkinder müssen warten können, bis sie an die Reihe kommen. Das können Sie mit Ihrem Nachwuchs schon vorab trainieren. Reihen Sie sich doch mal übungshalber mit ihm in eine Warteschlange ein und spenden Sie ihm ein Lob, wenn es bis zum Schluss geduldig geblieben ist.

Selbstständig werden: In der Schule muss Ihr Kind ohne Ihre Unterstützung zurechtkommen. Helfen Sie ihm, selbstständig zu werden, indem Sie es Auf-

Eltern können viel tun, damit ihr Kind glücklich in die Schule startet

Die Ängste des Kindes verstehen

Ist Ihrem Kind vor dem Schulanfang sichtlich mulmig zumute, ohne dass es in der Lage wäre, seine Ängste in Worte zu fassen? Sie können ihm helfen, seine Gefühle zu benennen. Bitten Sie Ihr Kind, ein Bild zu malen, dessen Thema beispielsweise lautet: »Das fällt mir ein, wenn ich an die Schule denke.« Sprechen Sie mit Ihrem Kind anschließend über das Bild. Gehen Sie dabei auf alle Details ein und versuchen Sie, in Worte zu fassen, was Ihr Kind mit seinem begrenzten Wortschatz noch nicht selber ausdrücken kann.

Sprechen Sie mit Ihrem Kind darüber, welche Gefühle und Erwartungen es mit dem bevorstehenden Schulstart verbindet.

gaben außerhalb Ihrer Sichtweite allein erledigen lassen: zum Beispiel im Laden um die Ecke einkaufen, Bekannten in der Nachbarschaft eine Nachricht überbringen oder einen Salatkopf aus dem Garten holen.

Von Schulkindern wird erwartet, dass sie täglich mehrere Stunden stillsitzen und sich auf den Unterrichtsstoff konzentrieren. Das ist für einen ABC-Schützen nicht nur ungewohnt, sondern auch sehr anstrengend. Eltern sollten deshalb die nötigen Voraussetzungen schaffen, damit ihr Kind den schulischen Anforderungen gerecht werden kann.

Nahrung fürs Gehirn

Damit sich ein Kind in der Schule gut konzentrieren kann, braucht sein Gehirn gute Nahrung. Schulkinder befinden sich im Wachstum, deshalb ist eine vollwertige Ernährung für sie besonders wichtig. Vor allem auf eine ausreichende Versorgung mit Eiweiß, Mineralstoffen und Vitaminen kommt es an.

Schlau frühstücken: Eine gesunde Mahlzeit am Morgen schafft optimale Lernvoraussetzungen.

Das Frühstück sollte zusammen mit dem Pausenbrot etwa ein Drittel des Tagesbedarfs an Nährstoffen decken. Ideal sind Milch oder Kakao, Obst- oder Gemüsesaft, verschiedene Brotsorten mit Käse, magerer Wurst, Marmelade oder Honig, eventuell noch ein Schälchen Quark oder Joghurt. Daneben trägt ein gesundes Pausenbrot zu einer ausgewogenen Nährstoffversorgung bei und sorgt für einen stetigen, leistungsgerechten Energienachschub:

- Geben Sie Ihrem Kind nicht zu viel in die Pause mit und fragen Sie gelegentlich nach, ob es ihm geschmeckt hat. Dann brauchen Sie nicht zu befürchten, dass das Pausenbrot im Mülleimer landet.
- Wechseln Sie öfter die Brotsorte und den Belag. Wer will schon jeden Tag das Gleiche essen?
- Verpacken Sie das Pausenbrot in einer Frischhaltebox. Auch ein frisches Salatblatt, eine Apfel- oder Gurkenscheibe zwischen den Doppeldeckern halten ein Sandwich länger frisch.

Auch Morgenmuffel sollten zu Hause wenigstens eine Kleinigkeit essen oder trinken, ihr Pausenbrot für die Schule sollte dann entsprechend größer und reichhaltiger sein.

Übergewichtige Kinder

Es hat sich herausgestellt, dass bei Übergewicht oft eine Mangelversorgung an Nährstoffen vorliegt, die für das Wachstum wichtig sind. Setzen Sie daher statt auf Fastfood und Süßigkeiten auf gesunde Kost: Obst und Gemüse, Fisch und mageres Fleisch, Milch- und Vollkornprodukte. Damit verhindern Sie nicht nur Übergewicht, sondern auch Zahnschäden durch Karies.

Bewegung tut gut

Bewegung ist nicht nur gesund, weil sie Übergewicht, Rückenschäden und Herz-Kreislauf-Erkrankungen vorbeugt und den Körper fit hält. Sportliche Bewegung – vor allem im Freien – ist auch gut fürs Lernen. Beim Laufen und Turnen an der frischen Luft wird das Gehirn verstärkt durchblutet. Das regt die Sauerstoffaufnahme und die Gehirnaktivität an und hilft, Stresshormone abzubauen.

Generell ist gut zu wissen: Die Bewegung des Körpers unterstützt auch die Beweglichkeit des Geistes. Deshalb sollten Sie Ihr Kind bei den Hausaufgaben nicht unnötig zum Stillsitzen zwingen. Oft kann es sich ein Gedicht sogar leichter einprägen, wenn es beim Auswendiglernen im Zimmer umherlaufen darf. Und beim Rechnen hilft es ihm vielleicht, seine Schritte zu zählen. Hindern Sie Ihr Kind auch nicht daran, beim Lernen mit dem Stuhl zu schaukeln oder von einer Sitzposition zur anderen zu wechseln. Keine Sorge, solche Bewegungen lenken es nicht ab. Im Gegenteil, sie helfen ihm, sich besser zu konzentrieren, denn jede Art von Bewegung regt die Hirntätigkeit an. Vielen Kindern hilft es deshalb, wenn sie beim Lernen auf einem Sitzball statt auf einem Stuhl sitzen dürfen.

Eistanz im Wohnzimmer

Wenn Ihr Kind bei den Hausaufgaben unruhig und unkonzentriert wird, erlauben Sie ihm eine Unterbrechung, damit es sich bewegen kann. Wie wäre es mit einem kleinen gemeinsamen »Schlittschuhlauf«? Einfach Musik auflegen, Wollsocken überziehen und damit kreuz und quer übers Wohnzimmerparkett schlittern. Sie können Ihr Kind auch an den Händen fassen und über den Boden ziehen – mal auf einem, mal auf zwei Beinen. Nach der Tanzeinlage wird Ihr Kind bestimmt wieder aufnahmefähiger sein und kann mit neuer Energie zu seinen Aufgaben zurückkehren.

Entspannung und Schlaf

Im Tagesablauf Ihres Kindes sollten auch Ruhezeiten ihren festen Platz haben. Sie sorgen ebenso wie Bewegung dafür, dass Ihr Kind wieder leistungsfähig wird und sich seinen Aufgaben mit Ausdauer und Konzentration widmen kann. Deshalb sollten Sie Ihr Kind nicht gleich nach dem Mittagessen zu den Hausaufgaben ermahnen. Lassen Sie es erst einmal zur Ruhe kommen und nutzen Sie, wenn möglich, den Zeitpunkt, um auch sich selbst eine Pause zu gönnen. Das schafft eine ruhige, entspannte Atmosphäre im Haus.

Ein geregelter Tagesrhythmus und ausreichend Schlaf geben Schulkindern Halt und neue Energie.

Sie brauchen übrigens nicht zu befürchten, dass Ihr Kind sich langweilen könnte, wenn es mal eine Weile gar nichts tut. Und selbst wenn: Zeiten der Untätigkeit können äußerst kreative Momente sein, aus denen Ihr Kind Energie und neue Ideen schöpfen kann. Gönnen Sie ihm diese Ruhephasen, in denen es sich sammeln kann und von nichts und niemandem gestört wird.

Ebenso wichtig für Schulkinder ist ein gesunder Schlaf. Ein Kind im Grundschulalter

braucht im Durchschnitt mindestens zehn Stunden Schlaf pro Nacht. Schlafforscher haben herausgefunden, dass schon eine Stunde weniger einen merklichen Einfluss auf die kindliche Leistungsfähigkeit haben kann. Vermeiden Sie deshalb Lärm und Hektik am Abend. Lassen Sie den Tag in Ruhe ausklingen. So findet Ihr Kind leichter in den Schlaf.

Lernstrategien und Hausaufgabentipps

■ In vielen Familien sind sie ein leidiges Thema: die Hausaufgaben. Sie gehören jedoch unweigerlich zum Schulalltag, dienen sie doch dazu, den Unterrichtsstoff zu vertiefen und zu festigen. Der zeitliche Rahmen für die Hausaufgaben ist vom Kultusministerium vorgegeben: In der ersten Klasse liegt er bei etwa einer halben Stunde pro Tag und wird von Schuljahr zu Schuljahr ausgeweitet. Auch wenn die meisten Kinder mit dieser Anforderung gut zurechtkommen, das tägliche Üben kostet Anstrengung und Überwindung.

Damit die Hausaufgaben nicht zum Reizthema werden, sollten Sie zu Hause für gute Lernbedingungen sorgen und folgende Tipps beachten:

Ihr Kind sollte seine Hausaufgaben möglichst selbstständig erledigen.

- Ordnung schafft Überblick. Achten Sie deshalb auf eine gute Atmosphäre im Kinderzimmer. Bücher, Spielsachen und Kleidung sollten an ihrem vorgesehenen Platz sein und nicht wahllos herumliegen. In einem Raum, der Ordnung und Ruhe ausstrahlt, kann sich Ihr Kind wesentlich besser auf seine Aufgaben konzentrieren.
- Bleiben Sie während der Hausaufgabenzeit in der Nähe Ihres Kindes und stehen Sie ihm für Fragen zur Verfügung. Doch nehmen Sie Ihrem Kind keine Aufgaben ab. Hausaufgaben haben unter anderem den Sinn, das Kind zum selbstständigen Arbeiten anzuleiten.
- Erfolg motiviert. Deshalb ist es sinnvoll, wenn Ihr Kind mit der leichtesten Aufgabe beginnt und sich die schwierigste für den Schluss aufhebt.
- Auch Lob beflügelt. Sprechen Sie Ihrem Kind deshalb zwischendurch eine Anerkennung aus und motivieren Sie es zum Weitermachen.

Sinnvoll mit Medien umgehen

Fernsehen und Computerspiele gehören heute ganz selbstverständlich zum Alltag von Schulkindern. Damit der Medienkonsum in einem sinnvollen Rahmen bleibt und Ihr Kind nicht vom Lernen abhält, sollten Sie entsprechende Regeln aufstellen:

- Bestehen Sie darauf, dass Ihr Kind erst seine Hausaufgaben erledigt, bevor es sich an den Fernseher oder Computer setzt.
- Beschränken Sie die Fernseh- und Computerzeiten auf ein vernünftiges Maß. 30 bis 45 Minuten pro Tag sind für ein sechsjähriges Kind genug.
- Wählen Sie nur empfehlenswerte Computerspiele und Fernsehprogramme aus, die auch dem Alter Ihres Kindes entsprechen.

Gerade in den ersten Schuljahren ist ein vertrauensvolles Verhältnis zur Lehrerin wichtig

Hat Ihr Kind trotz Ihrer Unterstützung Probleme mit den Hausaufgaben? Braucht es zum Beispiel wesentlich länger als andere oder versteht es die Aufgabenstellung häufig nicht? In diesem Fall sollten Sie Kontakt zur Lehrerin oder dem Lehrer aufnehmen, damit Ihr Kind nicht Gefahr läuft, den Anschluss zu verlieren.

Linkshändige Kinder

■ Falls Ihr Kind ein Linkshänder ist, wissen Sie das vermutlich seit einiger Zeit. Denn Linkshändigkeit wird gewöhnlich in der Kindergartenzeit sichtbar – spätestens mit fünf Jahren, meistens jedoch früher. Viele Eltern sind verunsichert, wenn sich ihr Kind als Linkshänder entpuppt. Doch die Sorge ist unbegründet. Im Prinzip besteht das einzige Problem für ein linkshändiges Kind darin, dass es sich in einer Welt zurechtfinden muss, die vorwiegend – aber längst nicht mehr ausschließlich – für Rechtshänder eingerichtet ist.

Suchen Sie den Kontakt zur Lehrerin, wenn Ihr Kind linkshändig ist.

Heute geht man davon aus, dass Rechts- oder Linkshändigkeit angeboren ist. Bekanntlich besteht das Gehirn aus zwei Hälften: Die linke ist für die Funktionen der rechten Körperhälfte zuständig, die rechte für die Funktionen der linken Körperhälfte. Bei jedem Menschen dominiert eine der beiden

Materialien für Linkshänder

Spätestens zum Schuleintritt sollten Sie unbedingt auf die richtige Ausrüstung achten:

- Linkshänderschere
- Füller, Lineal und Spitzer für Linkshänder
- Dreieckige Stiftaufsetzer oder dreieckige Stifte bzw. dreieckige Wachsmalkreiden, die die Stifthaltung erleichtern.

Gehirnhälften – und bestimmt dadurch unter anderem die Händigkeit.

Experten warnen immer wieder davor, einen Linkshänder auf rechts umzuschulen. Denn die Folgen sind oft verstärkte Unruhe und Konzentrationsprobleme. Bei manchen Kindern, die vermeintlich an ADS leiden, hat sich sogar herausgestellt, dass sie in Wahrheit umgeschulte Linkshänder sind.

So klappt es mit links

Linkshändigkeit ist heute in der Schule kein Handicap mehr.

■ Wenn Ihr Kind Linkshänder ist, sollten Sie möglichst bald nach dem Schulbeginn mit der Lehrerin oder dem Lehrer Kontakt aufnehmen und sie oder ihn darüber informieren. Die meisten Lehrer wissen, worauf es im Umgang mit Linkshändigkeit ankommt, und können sich entsprechend darauf einstellen. Das betrifft zum Beispiel die Sitzordnung. Gewöhnlich sitzen Grundschulkinder an Zweiertischen. Hier sollte darauf geachtet werden, dass Linkshänder links und Rechtshänder rechts sitzen, damit sie sich beim Schreiben nicht gegenseitig behindern.

Auch die richtige Anleitung beim Schreibenlernen ist wichtig, sobald im Unterricht ein Füller verwendet wird. Oft verkrampfen sich Linkshänder beim Schreiben, weil sie vermeiden wollen, dass die Tinte verwischt. Das Papier sollte deshalb immer links von der Körpermitte des Kindes liegen und die rechte Ecke leicht nach unten gedreht werden. Die Hand bleibt unterhalb der Schreiblinie, der linke Ellenbogen liegt am Körper an. Auf keinen Fall sollte sich das Kind eine Hakenhandhaltung angewöhnen, bei der die Hand oberhalb der Zeile liegt. Wenn ein Linkshänder Mühe mit dem Schreibenlernen hat, dann meist nur deshalb, weil er sich eine falsche Stiftführung angewöhnt hat. Sollten Sie feststellen, dass Ihr Kind die Buchstaben anfangs in Spiegelschrift schreibt, so seien Sie beruhigt: Das ist bei Linkshändern in den ersten ein bis zwei Schuljahren normal, später gibt es sich von selbst.

Was Ihrem kleinen Linkshänder sonst noch hilft:

- Lassen Sie Ihr Kind immer selbst die Hand auswählen, die es benutzen möchte. Vergessen Sie althergebrachte Ermahnungen wie: »Rechts ist die schöne Hand.«
- Erklären Sie Seitenbezeichnungen wie »links« oder »rechts« nacheinander, nicht gleichzeitig. (Das ist für rechtshändige Kinder ebenfalls hilfreich.)
- Sorgen Sie dafür, dass Ihr Kind auch im Handarbeitsunterricht mit der linken Hand arbeiten darf.
- Falls Ihr Kind ein Saiteninstrument wie Gitarre oder Geige lernt, sollte es auf links umgebaut sein. Es gibt auch Linkshänder-Blockflöten; sie sind jedoch wenig sinnvoll, da beim Flötenspiel beide Hände gleichermaßen beansprucht werden. <<<

Gut gerüstet für den Schulstart

Mit diesen Fähigkeiten ist Ihr Kind auf den Schulbeginn vorbereitet

Motorische Fähigkeiten

- Kann balancieren und auf einer geraden Strecke rückwärts gehen.
- Beherrscht koordinierte Bewegungen wie den Hampelmann.
- Fährt Fahrrad ohne Stützräder.
- Kann kleine Aufgaben im Haushalt selbstständig erledigen.
- Kann sich relativ schnell alleine an- und ausziehen.
- Kann Reißverschlüsse und Knöpfe ohne Mühe auf- und zumachen.
- Geht sicher mit Papier, Stift und Schere um.
- Kann selbstständig ein Geschenk verpacken.
- Malt Menschen und zeichnet einfache Figuren nach.
- Kann mindestens 15 Minuten stillsitzen.

Sprachvermögen

- Drückt sich verständlich und grammatikalisch richtig aus.
- Versteht Anweisungen und befolgt sie richtig.
- Hat ein Verständnis für Gegensätze wie »groß – klein«, »dick – dünn«, »leicht – schwer«.
- Verwendet Steigerungsformen wie »groß – größer – am größten«.
- Hört einzelne Laute aus Wörtern heraus, etwa das »s« in »Dose«.
- Erkennt die unterschiedliche Bedeutung ähnlich klingender Wörter wie »Dach – Fach«, »Haus – Maus«.
- Kann fremdsprachliche Wörter von deutschen unterscheiden.
- Kann kleine Geschichten nacherzählen.
- Kann seinen vollständigen Namen und eventuell auch seine Adresse angeben.

Emotionale Reife

- Kann sich in die Gefühle anderer hineinversetzen.
- Kann Enttäuschungen aushalten, etwa wenn ihm ein Wunsch nicht erfüllt wird.
- Hat negative Gefühle wie Wut und Aggressionen meist unter Kontrolle.
- Kann mit Ängsten umgehen.

(Fortsetzung auf Seite 92)

Mit diesen Fähigkeiten ist Ihr Kind auf den Schulbeginn vorbereitet (Fortsetzung von Seite 91)

Geistige Reife

- Ist neugierig und kann sich für neue Themen begeistern.
- Kann aufmerksam zuhören und sich kurzzeitig mehrere Dinge merken.
- Ist in der Lage, sich mindestens 20 Minuten auf eine Aufgabe zu konzentrieren.
- Versteht die Bedeutung von Buchstaben und Zahlen.
- Kann mindestens bis zehn zählen.
- Kennt die Würfelzahlen und beherrscht altersgemäße Würfel- und Brettspiele.
- Kann Dinge nach ihrer Größe und Form sortieren.
- Versteht Konstruktionsanleitungen und setzt sie richtig um.
- Experimentiert mit verschiedenen Materialien wie Sand, Wasser, Steinen oder Holz.
- Will wissen, wie Dinge (zum Beispiel Geräte) funktionieren.
- Ist in der Lage, logische Schlüsse zu ziehen (Eis schmilzt, wenn es erwärmt wird).

Kreative Fähigkeiten

- Verkleidet sich gern und schlüpft in unterschiedliche Rollen.
- Erfindet gern eigene Geschichten.
- Kann verschiedene Spielsysteme wie Holzeisenbahn und Stofftiere miteinander kombinieren.
- Baut Spiellandschaften aus verschiedenen Materialien.
- Verleiht seinen Sachen gern eine eigene Note (bemalt oder verziert sie nach seinen Vorstellungen).

Ich-Kompetenzen und soziale Reife

- Hält sich an Spielregeln und kann Niederlagen einstecken.
- Akzeptiert Regeln in einer Gruppe.
- Traut sich, andere um Hilfe zu bitten.
- Ist bereit, anderen zu helfen.

Zum Weiterlesen

Entwicklung allgemein

Remo H. Largo
Kinderjahre. Die Individualität des Kindes als erzieherische Herausforderung
Piper 2009
Der Autor bietet anhand folgender Themen Einsichten in die Entwicklung vom Kleinkindalter bis an die Schwelle des Erwachsenseins: Veranlagung und Umwelt, Entwicklung und Reifung, kindliche Bedürfnisse und Bindungsverhalten.

Daniela Liebich, Sylvia Garnett-von der Neyen
Wie Sie Ihr Kind erfolgreich fördern. So stärken und entwickeln Sie die Kompetenzen Ihres Kindes
Oberstebrink Verlag 2007
Dieses Buch zeigt die Bedeutung der kindlichen Basis-Kompetenzen innerhalb der Familie und die Entwicklungsmöglichkeiten, die sich daraus ergeben.

Elternbriefe
Die Briefe begleiten Eltern von der Geburt bis zum achten Geburtstag des Kindes. Die Informationen sind auf die Schwierigkeiten jeden Alters zugeschnitten. Sie werden jährlich aktualisiert. Zu beziehen bei:

Arbeitskreis Neue Erziehung e.V.
Hasenheide 54
10967 Berlin
Tel.: 030/259 00 60
E-Mail: ane@ane.de

Auf der Internetseite **www.ane.de** finden Sie die Elternbriefe in der Fassung von 2001.
In einigen Städten werden die Elternbriefe kostenlos verschickt. Auskunft gibt das zuständige Jugendamt.

Motorische Entwicklung

Wolfgang Hering
Kunterbunte Bewegungshits
Ökotopia Verlag 2002
Wolfgang Hering ist Experte für witzige Fingerspiele und Spiellieder, fantasievolle Bewegungsgeschichten und einfache Hip Hop-Stücke mit altersgerechten Texten.

Anja Huss
Hüpfen, Toben, Springen 2. Neue Ideen zur Bewegungsförderung
Verlag Herder 2008
Dieses Heft enthält zahlreiche Ideen und Anregungen, um Kinder in Bewegung zu bringen.

Renate Zimmer
Toben macht schlau! Bewegung statt Verkopfung
Verlag Herder 2009
Renate Zimmer erklärt, wie Bewegung dazu beiträgt, dass sich das kindliche Gehirn optimal entwickelt, und was Eltern unterstützend tun können: mit Bewegungsspielen, Ruheritualen, Tastspielen, Kooperationsspielen und Wahrnehmungsspielen.

Renate Zimmer
Schafft die Stühle ab! Was Kinder durch Bewegung lernen
Verlag Herder 2008
Das Buch bietet Spielideen für eine »bewegte Kindheit«, die Kindern und Eltern Spaß machen: für drinnen und draußen, zum Toben und Entspannen, allein, zu zweit oder zu mehreren – der Klassiker neu bearbeitet.

Sprachliche Entwicklung

Marit Borcherding
Auf ins Abenteuer Sprache. Sprachförderspiele für Vorschulkinder
Verlag Herder 2010
Das Buch bietet zahlreiche praktische Tipps zur Sprachförderung im Alltag. Konkrete Förderideen wie Spiele, Reime, Gedichte oder Lieder sind jeweils mit einer kurzen theoretischen Einleitung versehen.

Christina Buchner, Renate Ferrari
Wörterspiel und Sprachsalat. Sprache spielerisch fördern
Verlag Herder 2008
Eltern finden hier viele Informationen, Ideen und praktische Tipps, wie sie die Sprachentwicklung ihres Kindes im Alltag spielerisch fördern können.

Walburga Brügge, Katharina Mohs
So lernen Kinder sprechen: die normale und die gestörte Sprachentwicklung
Ernst Reinhardt Verlag 2007
Dieses Buch beschreibt den normalen Verlauf der Sprachentwicklung, zeigt mögliche Störungen auf und erklärt sie. Spielvorschläge regen zu einem kreativen Umgang mit Sprache an.

Rita Steininger
Wie Kinder richtig sprechen lernen. Sprachförderung – ein Wegweiser für Eltern
Klett-Cotta Verlag 2004
Dieses Buch gibt einen Überblick über Fördermöglichkeiten bei Störungen der Sprachentwicklung: von der Logopädie und Ergotherapie bis hin zur individuellen Förderung in Kindergarten und Schule.

Zum Weiterlesen

Kognitive Entwicklung

Gisela Lück
Leichte Experimente für Eltern und Kinder
Verlag Herder 2008
Kinderleichte Experimente für Groß und Klein: vielfach erprobt, mit Garantie für Spaß und Wissenszuwachs.

Manfred Spitzer
Lernen. Gehirnforschung und die Schule des Lebens
Spektrum Akademischer Verlag 2006
Wie Lernen funktioniert und wie wir mit Erfolg und Vergnügen lernen, vermittelt dieses spannende Buch.

Rita Steininger
Kinder lernen mit allen Sinnen. Wahrnehmung im Alltag fördern
Klett-Cotta Verlag 2008
Eine Fülle von Spiel- und Fördermöglichkeiten für alle sieben Sinne. Einleitend werden die Hintergründe von Wahrnehmungsentwicklung und Wahrnehmungsstörungen verständlich erläutert.

Rita Steininger
Voll konzentriert. So fördern Eltern den Lernerfolg ihres Kindes
Verlag Herder 2006
Dieses Heft zeigt, wie Eltern die Aufmerksamkeit ihres Kindes fördern können und erläutert, durch welche Faktoren die Konzentrationsfähigkeit bestimmt wird.

Künstlerische Entwicklung

Eva Heller
Die wahre Geschichte von allen Farben. Für Kinder, die gern malen
Lappan Verlag 1994
Eine amüsante und wunderschön illustrierte Geschichte zur Farbenlehre und der Wirkung von Farben für Kinder und Erwachsene.

Sabine Hirler
Cecilias bunte Welt der Musik
Schott Music 2008
Cecilia, eine kleine, pfiffige Note, zeigt, wie in anderen Ländern musiziert wird und welche Instrumente es gibt. Sie kennt lustige Reime und Lieder und erforscht mit kleinen Experimenten, wie Geräusche und Klänge entstehen. Für Kinder ab 4 Jahren.

Brigitte vom Wege, Mechthild Wessel
Das große Ideenbuch Kinderförderung
Verlag Herder 2009
Das Buch bietet Ideen, Spiele und Aktivitäten für folgende Förderbereiche: Kunst und Gestaltung, Musik und Rhythmik, Sprache, Kognition und Umweltwissen, Bewegung und Entspannung, Gesellschaft.

Emotionale Entwicklung

Joachim Armbrust
Kinder bewältigen ihre Angst. So können Eltern helfen
Urania 2008
Der Autor zeigt, was Angst bedeutet, wie Kinder sie zeigen und wie sie damit umgehen. Mit Beispielen und praktischen Lösungsvorschlägen, die zeigen, wie Eltern ihren Kindern bei der Angstbewältigung helfen können.

Marit Borcherding, Sebastian Bröder, Gerlinde Unverzagt
Kleine Kinder – große Gefühle. So unterstützen Sie Ihr Kind
Verlag Herder 2008
Dieses Buch zeigt, wie Eltern mit ihrem Kind vier zentrale Bereiche in der Erziehung positiv bewältigen können: Grenzen setzen, Wut, Streiten lernen und Kinderängste.

Uta Reimann-Höhn
Stark von Anfang an. Kinder selbstbewusst und sicher machen
Verlag Herder 2006
Eltern können viel tun, um die innere Stärke und Sicherheit ihres Kindes zu fördern. Dieses Heft will Eltern dabei mit konkreten Tipps für den Alltag unterstützen.

Jan-Uwe Rogge
Ängste machen Kinder stark
Rowohlt Verlag 2006
Wie Eltern Kindern helfen können, mit ihren Ängsten fertig zu werden und daran zu wachsen, schildert der bekannte Autor anhand zahlreicher Beispiele.

Zum Weiterlesen

Soziale Entwicklung

Joachim Armbrust
Streit unter Geschwistern. So lösen Eltern erfolgreich Konflikte
Urania Verlag 2007
Dieser Ratgeber beschreibt Geschwisterkonstellationen und hilft Eltern zu verstehen, warum es zu Konflikten kommt. Anhand von Beispielen werden Lösungswege beschrieben.

Klaus Hurrelmann, Gerlinde Unverzagt
Kinder stark machen für das Leben. Herzenswärme, Freiräume und klare Regeln
Verlag Herder 2008
Das Buch beschreibt drei Eckpfeiler der Erziehung, mit denen Kinder Selbstsicherheit und Selbstständigkeit gewinnen: Herzenswärme – Freiräume – klare Regeln.

Jan-Uwe Rogge
Das neue Kinder brauchen Grenzen
Rowohlt Verlag 2008
Wie Sie Grenzen setzen können, ohne gleich in autoritäre Verhaltensweisen zu verfallen, zeigt dieses Buch an zahlreichen anschaulichen und amüsanten Situationen aus dem Alltag.

Rita Steininger
Eltern lösen Konflikte. So gelingt Kommunikation in und außerhalb der Familie
Klett-Cotta Verlag 2006
Das Buch stellt geeignete Methoden vor, wie Eltern ihr Gesprächsverhalten effektiv verbessern und mit Worten überzeugen können.

Schulstart

Renate Niesel, Wilfried Griebel, Brigitte Netta
Nach der Kita kommt die Schule. Mit Kindern den Übergang schaffen
Verlag Herder 2008
Anschaulich und praxisnah wird gezeigt, wie Eltern den Übergang in die Schule vorbereiten und gestalten können, so dass Kinder an dieser Herausforderung wachsen.

Gertrud Teusen
Erfolgreich in die Schule starten. Vorschulzeit, Einschulung, 1. Schuljahr
Urania 2009
Dieser praxisorientierte Ratgeber greift alle Fragen auf, die sich stellen, sobald Kindergartenkinder sich der Vorschulzeit und dem Schulanfang nähern.

Informations- und Beratungsmöglichkeiten

Bundeselternrat
Tel.: 0228 / 269 92 63
E-Mail: info@bundeselternrat.de
www.bundeselternrat.de
Der Bundeselternrat ist die Arbeitsgemeinschaft der Landeselternvertretungen in Deutschland

Bundeskonferenz für Erziehungsberatung e.V.
Tel.: 0911 / 97 71 40
E-Mail: bke@bke.de
www.bke.de
Hier finden Sie Adressen von Familienberatungsstellen bundesweit.

Bundesverband für Erziehungshilfe e.V.
Tel.: 0511 / 353 99 13
E-Mail: info@afet-ev.de
www.afet-ev.de

Deutscher Kinderschutzbund Bundesverband e.V.
Tel.: 030 / 214 809 - 0
E-Mail: info@dksb.de
www.kinderschutzbund.de

Deutsche Liga für das Kind
Tel.: 030 / 28 59 99 70
E-Mail: post@liga-kind.de
www.liga-kind.de
Die Internetseite enthält viele Informationen rund ums Kind.

Familienhandbuch des Staatsinstituts für Frühpädagogik (IFP)
www.familienhandbuch.de
Auf dieser Internetseite werden Fragen zu Entwicklung, Erziehung, Gesundheit, Förderung, Schule, Beruf und Freizeit beantwortet.

Pro Familia Bundesverband
Tel.: 069 / 63 90 02
E-Mail: info@profamilia.de
www.profamilia.de
Pro Familia ist die Deutsche Gesellschaft für Familienplanung, Sexualpädagogik und Sexualberatung e.V.

Die Autorin

Rita Steininger
arbeitet als freie Lektorin und Sachbuch-Autorin mit den Schwerpunkten Gesundheit, Erziehung und Entwicklungsförderung; daneben schreibt sie auch Sachbücher für Kinder.
Sie hat zwei Söhne und lebt mit ihrer Familie in München. Weitere Informationen unter www.rs-textredaktion.de.

Impressum

»Auf kleine Füßen in die Welt« ist ein Sonderprodukt der Zeitschrift mobile und des Internetauftritts www.mobile-elternmagazin.de.

www.herder.de

Titelfoto: Jupiterimages
Fotos Innenteil: Seite 57: Ulrich Niehoff, Bienenbüttel
Seite 7, 11, 17, 31, 38, 50, 62, 85, 89: Heidi Velten, Leutkirch-Ausnang
Seite 23, 76: Karin Wintterle, Erdmannhausen
Seite 61: bilderbox, www.fotolia.com
Seite 49: Alena Ozerova, www.fotolia.com
Seite 69: Hans Klein, www.fotolia.com
Seite 81: Harald07, www.fotolia.com
Seite 43: NiDerLander, www.fotolia.com

Illustrationen: Eva Czerwenka
Layout und Satz: Büro MAGENTA, Freiburg
Druck: fgb • freiburger graphische betriebe, www.fgb.de
Gedruckt auf chlorfrei gebleichtem Papier

ISBN: 978-3-451-00642-5